4D卓越团队

美国宇航局的管理法则

[美] 查理·佩勒林◎著
Charls Pellerin
李雪柏◎译 韩红梅 杨永华◎审译

HOW NASA BUILDS TEAMS

中华工商联合出版社

图书在版编目（CIP）数据

4D卓越团队 /（美）查理·佩勒林著 ; 李雪柏译.
北京 : 中华工商联合出版社, 2025. 7. -- ISBN 978-7
-5158-4338-4

Ⅰ. C936

中国国家版本馆CIP数据核字第2025UY2543号

4D卓越团队

作　　者：（美）查理·佩勒林
译　　者：李雪柏
出 品 人：刘　刚
责任编辑：吴建新　林　立
装帧设计：张合涛
责任审读：郭敬梅
责任印制：陈德松
出版发行：中华工商联合出版社有限责任公司
印　　刷：三河市宏盛印务有限公司
版　　次：2025年9月第1版
印　　次：2025年9月第1次印刷
开　　本：710mm×1000 mm　1/16
字　　数：260千字
印　　张：16
书　　号：ISBN 978-7-5158-4338-4
定　　价：48.00元

服务热线：010-58301130-0（前台）
销售热线：010-58301132（发行部）
010-58302977（网络部）
010-58302837（馆配部）
010-58302813（团购部）
地址邮编：北京市西城区西环广场A座
19-20层，100044
http://www.chgslcbs.cn
投稿热线：010-58302907（总编室）
投稿邮箱：1621239583@qq.com

目录 / CONTENTS

第一部分

问题背后的问题

第二部分

4D评估的神奇力量

第三部分

诊断团队的颜色

第四部分

静悄悄的管理革命

引进中国航天队伍建设的4D系统

王崑声

我从研究社会性因素对计划和团队成败的影响这一课题开始，就关注查理·佩勒林博士了。他曾任美国航天局（以下简称NASA）天文物理学部门主任，成功推动了哈勃望远镜维修等太空任务，获得NASA二等杰出领导奖章。1995年退休后，他转赴科罗拉多大学教授领导学，并在此时期内提出了“4D系统”理论。在航天队伍建设方面，他是毋庸置疑的开拓者和权威专家。

在这本书中，他深入浅出地向我们展示了多年工作的成果——以“4D系统”为核心的团队评价及提升机制。它以系统科学的方法论为理论指导，以已有的优秀团队为标杆，将复杂的团队及个人特性分为四个方面，通过系统化的方法与工具支持团队组建，并帮助团队及个人提升业绩。自诞生以来，它一直是NASA组建高效团队、改善团队绩效的核心方法。近些年来，由于其对团队建设的巨大作用，正被广泛地引入航天以外的商业和科研等领域里。

本书的特别之处在于创新地将个人和团队并列关联，采用相同的解析方法，把两者绩效剖析为相应的组成成分，在共同的发展基础上，互相影响，互相促进，使团队建设朝着一个更和谐、更有效率的方向前进。

尤为可嘉的是，本书不仅仅停留在方法的一般介绍上，还介绍了一套有效的定量评价系统，帮助受众快捷地分析评估团队及个人状况，获得评估报告后，再借助书中介绍的提升方法，有针对性地完善团队建设。这样，不仅明确地找出问题所在，而且使所存在的问题获得有效的解决。

“4D系统”方法发源于NASA，如今它正在被引进中国航天队伍建设中来，并建立了中文版的4D评价系统（www.4-Dassessment.com），其巨大的发展潜力不可估量。我之所以将本书推荐给大家，正是来自这份自信：不管你处在何种领域，面对何种问题，相信它都能够帮助你打造一支和谐有力的队伍，将各种人才熔铸成一个坚不可摧的整体。

王崑声，中国航天系统科学与工程研究院院长，中国工程院特聘专家，中国航天系统科学与工程研究院博士后管理委员会主任、博士后专家指导组组长，中国航天社会系统工程实验室（CALSSE）理事，中国宇航学会计算机专业委员会主任委员。曾获国家科技进步奖3项；曾被授予“中国航天科技集团公司跨世纪青年学术带头人”“首批新世纪百千万人才工程国家级人选”和“中国航天科技集团公司2518核心人才工程人选”。

一个革命性的概念

王育琨

查理·佩勒林，NASA哈勃望远镜项目的技术高管，经历了1990年哈勃望远镜发射失利，不做物理学家，却做起了“牧师”。他在NASA领导了一个团队，研发出全球最棒的团队教练体系，经历了美国宇航局十多年实践的检验，这个教练体系的实操教程原汁原味地呈现在你的面前。

查理·佩勒林2011年初访问中国，我握着他的手说：“查理，你提出了一个在管理上振聋发聩的革命性概念。”

他问：“哦，是什么？”

我说：“20世纪美国以泰罗制为基础发展起来的数字精英管理体制，把人作出等级划分，再把他们放进特定的体系流程中，让他们发挥既定的作用；而您却提出，‘人没有善恶、好坏、能量高低之分，一切都是由团队的社会背景决定的。只要团队的社会背景有一种正向的能量流流动，就会激发出团队无比的创造力’。你的这个说法和做法，太具震撼力了！”

他说：“哈哈，真有你的，这个秘密你也看出来了！这也说明这个体系适应中国的土壤。”

1990年4月，哈勃太空望远镜开始了它的外太空探险，目的是向人类提供星云和遥远星系的第一手资料。但是NASA似乎只关注了望远镜的发射情况，而没有注意到这个堪称艺术级的机器存在着视力模糊的问题。

为了实现在大气层外运行，哈勃望远镜必须以0.007秒角的稳定度对准天空的某一定点，这就相当于在华盛顿特区用激光瞄准位于纽约市的某个建筑物上一枚25美分的硬币。如果哈勃在技术上只达到0.07秒角的稳定度，情况会怎么样？那意味是一个彻底的失败，因为它所拍摄的影像不会比地面上最好的太空望远镜强多少。NASA从上到下经过无数次试验，他们确信可以达到这个水准。可是，上帝不喜欢自大狂。他们的镜片没有达到这样的精度！发射最终失败！

全球各地顶级专家汇集NASA，要找出那个导致镜片像差的魔鬼。专家委员会发现，在许许多多的测试中，都有迹象表明镜片有瑕疵。但为什么这些精明的技术人员却没有抓住这些迹象把问题搞清楚呢？原来，是因为预算和日程的压力迫使他们拼命地赶进度。最难以理解的是，承包商从来没有向NASA报告这些问题。原来，17亿美元的望远镜出现瑕疵是因为承包商与NASA管理者之间的敌对情绪，导致承包商在出现技术问题时，不愿通知NASA，因为他们厌倦了指责。

从这起事故入手，事故调查委员会调查了类似航天灾难，结论惊人的一致：由于“团队社会背景”的缺陷导致了95%~99%的航天事故！

但任何一个负面危机中都有一颗正向的种子。查理从这次危机中，看到了NASA的高级技术人才存在的问题，已经不再是个人性格问题了，而是团队绩效的重要的屏障。不打破这道屏障，一切都无从谈起。

“正确的坐标系能把一个不可能的问题，变成两个可以解决的难题。”查理发挥他物理学家的天性，把所有的精力都投入到坐标系上，提出了令人耳目一新的“4D系统——管理社会背景的坐标”。经过十几年在NASA的实践，4D系统成为全球唯一一套权威的团队教练体系。

我两次系统地学过这套体系，也在实践中应用过其中的一些方法，效果奇佳。“4D系统——团队管理社会背景的坐标”的基本观念与方法，非常适合中国公司的实际需求。这套简单的体系，对于被团队建设搞得不知所措的中国公司，有着更为广阔的应用前景。

就我个人理解而言，中国有着心性学最深厚的土壤。如果把“团队的社会背景”用“场域”一词替代，那无疑是打开了一道门。把团队之间、老板与员工、员工与客户、员工与渠道、员工与相关利益者、员工与潜在相关利益者之间心气相通的场域纳入思考空间，将会开发出适应这套体系的更为丰富和实用的内涵与方法。我确信：

企之命，在人人；
人之命，在心灵；
人人本自具足，人人具有整体观，人人富有创造性；
当今问题解决唯一途径是个人生命意识的觉醒；
开启人内在的源头活水，驾驭能量流。

愿这本书在中国引发更加广泛的共鸣和共振。是为序。

王育琨，北京大学企业家研究中心主任，地头力教练机构创始人，全球并购研究中心学术委员，山东大学经管学院特聘教授，著名作家。出版的作品有《带着爱去工作》《答案永远在现场》《发现一流企业的本真》《解放企业人的心灵》《强者——企业家的痴醉与梦想》《全球化之舞》《传递梦想——奥巴马给世界的200个忠告》《商业领袖底蕴》等。

打造卓越领导力和卓越团队的卓越体系

徐　中

《4D卓越团队》是一本具有神奇力量的书，在美国，它因成功再造一个伟大组织——美国宇航局（NASA），以及改变500支团队和数万名员工的行为，成为最受欢迎的领导力发展和团队建设培训课程之一。如今在中国，它的影响力才刚刚开始。

2011年1月，冒着凛冽的北风，50多位中国最活跃的培训专家齐聚北京东二环的一个酒店，参加为期八天的“4D卓越团队”培训课程，学员当中包括一些国内资深的培训专家。如果不是在这个课堂，你很难一次见到这么多“忙人”。要知道，他们8天时间可能出现在8个不同的城市，而每天的机会成本都很高。

读者一定想问，这本书有什么独特之处？怎么能吸引这么多培训专家的兴趣？

最有资格回答这个问题的是学员和读者。今年以来，我们在中国知名的银行、钢铁企业、房地产公司，以及清华大学金融总裁班和房地产总裁班等项目中尝试运用该书的研究成果，取得了意想不到的效果。有的学员加深了对自己性格和领导风格的认知，找到了领导力提升的捷径；有的学员意识到了人际关系中的“盲区”和“误区”，改善了换位思考的心智模式；有的学员理解了卓越团队建设的标准和路径，坚定了持续改善团队背景的信心……

甚至一次，当我向一群企业家朋友简要介绍了4D性格测评的情况后，一位投资公司总裁马上“悟道”，提出要购买100本书，赠送给他的朋友们，以改善人际关系和提升领导力。

学员们都觉得，中国企业经过三十年的发展，已经从企业的“硬件”建设为重心转向“软件”建设为重心的阶段，也就是领导力发展、卓越团队建设和企业文化建设的深层次领域，该项目的以下特点有助于中国企业领导力发展和卓越团队建设：

第一，《4D卓越团队》是一个基于长期科学研究的实践项目，具有科学性、实践性、权威性、简洁性和趣味性等特征。其中，科学性尤其显著，该项目整合了当今世界心理学、人脑科学和领导力研究的最新成果，不愧是世界最高科技研究机构（NASA）的作品。例如，基于心理学奠基人之一的卡尔·荣格的“4D性格测评”，准确率达到90%以上，帮助领导者了解自己的性格与领导风格的关系；基于大脑工作程序的AMBR（注意力、心态、行为、结果）四个步骤，科学、清晰、连贯、合理，注意力决定结果，认清了领导的重点是“管理注意力”；基于人的经验、认知形成的心智模式，让人们对于客观事实产生自己的解读——故事情节（Story Line）——影响行为——红色“故事情节”限制人的行动，绿色“故事情节”激发人的行动；基于研究与实践提出的卓越领导者和卓越团队的八项行为，既与盖洛普的Q12研究完全吻合，也完全符合麦肯锡的MECE原则，成为卓越团队建设的衡量指标和建设方向。该项目让人们从新的、全方位的视角审视个人和团队的思维、行为和能量，为个人和团队持续改善提供了清晰的方向和科学的路径。

第二，《4D卓越团队》是一个集测评分析、知识培训和教练辅导为一体的完整的、系统的卓越领导力提升和卓越团队建设项目，旨在通过三个月一个周期的团队教练逐步改变团队的文化氛围、心智模式和行为方式，也就是改变团队成员的思维和行为习惯，从而建立起新的团队文化氛围和行为模式。它与传统的培训项目最大的区别在于：一是基于客观测评结果找出行为改变的目标，然后进行持续跟进的教练辅导，真正改变团队成员的思维和行为；二是以团队为单位进行培训，营造一个强大的组织氛围，建立一个行为改变的支持系统；三是项目化管理全过程，有计划、有步骤、有方法，让培训真正产生成果。

第三，《4D卓越团队》的培训方法新颖、独特、有趣、高效，具有个性化特征，针对性强。为了真正激发学员的兴趣，充分调动学员的参与性，让学员成为学习的主人，实现承诺的行为改变，该项目基于科学、系统的团队建设内容体系，通过对个人测评报告和团队测评报告的解析，卓越团队八项行为的讨论演练，以及持续三个月一个周期的教练辅导，真正让培训转化为行为和成果。其中，教练辅导是国际上领导力开发领域全新的重要方法，教练是客户的伙伴，通过发人深省和富有想象力（创造性）的对话过程，最大限度地激发个人的天赋潜能和职业潜力。例如，世界最佳CEO，通用电气的首席执行官杰克·韦尔奇退休后，也在从事高管教练工作。

鉴于作者佩勒林博士是一位杰出的物理学家，他以科学家的严谨性、创新性、系统性，把大量的各学科的最新研究成果运用到本书和NASA的团队建设实践中，形成了自己独特的卓越团队建设体系。但是，由于存在专业术语、中西方文化差异及翻译等原因，中国读者对于全书内容和逻辑体系的理解还存在一定的困难，为了帮助读者更好地理解和运用本书，应出版社邀请，现简要介绍我们在实际培训中行之有效的解读方法：

关于团队建设，中国人最熟悉的可能是《西游记》中的唐僧团队，为了去西天取经，四人历经九九八十一难，最终取得真经。在我们欣赏吴承恩对孙悟空战天斗地的赞美之时，不知各位可曾想过，除去小说需要的角色夸张之外，作为一个长期合作、历经艰险的团队，唐僧、猪八戒、沙僧三位扮演了什么样的角色？他们之中，缺少任何一位，这个团队的士气和氛围会怎样？结果会怎样？

在培训中，有人说：没有唐僧，就没有凝聚力；没有孙悟空，就没有创新力；没有猪八戒，就没有亲和力（乐趣）；没有沙僧，就没有执行力。这是任何一个优秀团队都不可缺少的四个核心要素呀！真是一语中的。

知道了“唐僧团队”的故事，我们就能够很容易理解佩勒林博士这本关于卓越团队建设的书了。

第一，本书最重要的概念之一——“团队背景”（Context），指的是团队的“硬环境”（物理层面）和“软环境”（文化层面），尤指“文化背景”。哈勃望远镜、哥伦比亚航天飞机和挑战者号飞船等重大项目事故调查显示，原因就在于NASA的人际关系、文化背景等社会性要素出了问题、领导力失效，造成供应商与NASA管理者之间的敌对情绪，重要信息沟通不畅。NASA的一位领导者斯蒂芬·约翰逊甚至认为，“80%~95% 的失败，最终都是由于人为失误或者沟通不良造成的”，因此，建设卓越团队的关键是改变领导者的理念、思维和行为，改变团队的人际关系和文化氛围，从而营造卓越团队的良好“软环境”，充分调动每个人的积极性和创造性，开创卓越的业绩。

第二，“4D系统”是基于卡尔·荣格研究提出的人类的四种基本性格，由于性格在很大程度上决定领导者的风格，因此，测评和完善领导者的性格对于塑造团队的风格有重要的作用。“4D领导力”的分类与詹姆斯·库泽斯、巴里·波斯纳在《领导力》一书的研究结论，以及盖洛普的Q12完全匹配。研究表明，在四类领导力风格中，绿色人际型（亲和力）领导的特征是，欣赏与感激他人，寻求共同利益，关心他人，善于沟通，追求自由快乐；黄色包融型（凝聚力）领导的特征是，包容他人，诚实正直，信守承诺，忠于组织，重视团队建设；蓝色展望型（创新力）领导的特征是，追求卓越，乐观坚韧，开拓创新，聪慧独立，领导变革；橙色指挥型（执行力）领导的特征是，注重计划、制度、流程与结果，坚持原则，实事求是。当然，每位领导者都具有上述四个方面的特征，只是偏好不同而已，成熟的领导者应该在发挥自己偏好的长处的同时发展其他三个方面的能力，使得自己能够适应各种环境，成为“4D全能”的卓越领导者。

第三，基于大脑工作程序的AMBR（注意力、心态、行为、结果）四个步骤非常重要，它表明：注意力在哪里，能量就流向哪里，结果就产生在哪里。因此，领导者工作的重点是“管理团队的注意力”。例如，中央提出“科学发展观”“建设和谐社会”等治国理念，企业提出“创百年老店、建卓越企业”的愿景和“以人为本、成就客户、创新高效、卓越执行”等价值观，就是在引导人们的注意力，把思想和工作的重点放在组织最重要的事情上面，这对于任何团队和组织建设都具有重要指导作用。

第四，以团队发展评估和个人发展评估作为培训和行为改变的衡量指标，定期（三个月）测量团队和个人的八项行为，即真诚欣赏与感激、关注共同利益、适度包容他人、信守所有约定、基于现实的乐观、百分之百地投入、避免指责与抱怨、厘清角色责任与授权，找出得分最低的2~3项，作为教练辅导的重点，通过三个月一个周期的教练辅导，提升其分值，从而改善领导力和团队背景。

第五，在团队和项目工作中，个人性格、团队性格、合作双方心态，这三者需要有效的匹配，以及在任务实施过程中的有效转变。例如，NASA的一家供应商，在参与项目投标阶段，需要展现出蓝色的冒险与创新的性格特征；中标之后，需要进入橙色的严谨实施阶段，严格控制质量、成本和进度，在与NASA长期的合作中，还要展现出绿色性格的良好沟通与感激，以及黄色性格的适度包融不同意见，甚至批判指责，致力于良好的团队合作，兑现所有的承诺。在这个案例中，各团队成员的性格特征和团队的文化性格特征的匹配，以及两个团队之间的文化性格特征的匹配，对于良好的合作至关重要。

第六，在“4D系统”中，个人和团队的“八项行为”是本书的重点和亮点（见内文第29页），作者在第四章和第十二到十八章有非常详细的阐释。

第七，整合4D评估流程、工作坊培训、教练辅导及重复评估等流程，在团队领导高度重视及示范八种核心行为的情况下，团队背景和个人表现将会产生巨大的改变，只要虚怀若谷、潜心努力、持之以恒、团结协作，卓越团队建设将指日可待。

2011年5月12日，查理·佩勒林博士到北京访问，当面向我们讲述了哈勃望远镜曲折的故事和本书的来历，读者可以从书中了解到这部非凡作品的来龙去脉。作为科学家和领导者的佩勒林博士给人印象最深的是严谨和激情，这一对看似对立的元素，在他的身上得到了完美的融合，一如NASA团队的主要性格颜色是蓝色（激情、创新）和橙色（严谨、执行）的完美结合。

徐中，清华大学经济管理学院管理学博士、工商管理硕士（MBA），领导力教练，4D卓越团队教练认证高级导师、美国培训与发展协会认证教练，清华大学MBA领导力课程讲师，美国培训与发展协会会员（ASTD），北京智学明德教育科技有限公司总裁、首席顾问，译著有《高管路径：轮岗培养领导人才》《领导梯队：全面打造领导力驱动型公司》《执行》《美国培训与发展协会“领导力手册”》。

在中国落地生根的4D系统

杨永华

投身企业培训工作后，接触最多的就是各行各业的企业管理者，听到的最多、最迫切的需求就是如何实现领导力和团队建设的提升。企业为此花了不少心血和成本，会餐、旅游、休假、提薪、福利，等等，甚至包括股权、期权的配送，可以说十八般武艺都使出来了。但是，无论是高管也好，还是员工也好，只是兴奋一时，企业很快就回到原来的状态，并没有任何实质上的改变和提升。

曾经与国内企业家精英及管理学方面专家长时间、深层次地探讨过这个问题，再加上自己近20年在外企及国内公司工作的体会，最后得出的结论就是：一直没有一个长期运用的可信的团队建设体系。

多年的寻求终于得到结果：2010年8月，我们得知美国最顶尖的组织之一——美国宇航局（NASA）自2003年以来，就一直采用4D系统进行领导力提升和团队建设，并取得了可靠的验证和成果。难道真的有一个系统比以前企业尝试的各种方法都有效吗？

令人感到意外的是，4D系统不仅引发了培训界的关注，而且触动了着眼于中国组织发展的各方面力量，大家不约而同地行动起来。中华工商联合出版社购买了《4D卓越团队》的大陆版权，并且积极联系国内的4D培训师，着手开始翻译出版的工作；而中国航天系统科学与工程学院联系到了4D系统创始人查理·佩勒林博士，并开始4D测评平台的汉化工作。

2011年初，一切紧锣密鼓地进行着，几十名国内教练一起参加了在北京举行的4D工作坊认证课程。自此，我们真正开始使用4D系统服务于中国企业。

2011年9月，我们受查理·佩勒林博士的邀请，来到洛杉矶的帕萨迪纳，参加现场的NASA4D工作坊。

4D系统与真实团队的互动情景令我们深感震撼。查理与两名助教斯奇普和安淑可，孜孜不倦地指导我们4D项目实施的每一个环节，分享每一个关于4D系统改进的心得，这些宝贵经验的传承，让我们得以为所有中国4D教练和中国团队提供最好的支持。

回国后，我们开始深入与各方教练合作，在保持4D系统本色的前提下，进行4D系统本地化的工作，从案例分析到语境转换，从测评操作细节到工作坊的学员手册，最重要的是工作坊实施操作……各个细节都进行了充分的调整，以适应国内企业的真实需要。

随着4D系统在国内企业的推广和应用，产生的影响是难以估量的。每一次4D工作坊后客户的感悟，都让我们越来越感受到国内企业对4D系统价值的验证和认可。

以下列举一些客户的体会：

这个系统让我眼前一亮！它让人把焦点向内调整，这是面对一切问题的根本——这才是最终的解决方案。这个系统中正可信，正是我一直梦想拥有的团队建设体系。

每天我面对的都是企业负责人，长期困扰他们的问题就是，如何在心的层面上与所有团队成员和谐共处。很显然，各种物质刺激，并不能真正调动起团队成员内心的力量。

4D系统既简明又实用，实现了个人利益与组织利益的统一，从而真正完成心态的根本转变，这正是解决团队成员责任感、主动性的关键，同时，4D给出可行的实施方法和工具。只要你学以致用，就一定会从中获益。

4D行为不仅为自己带来能量，同时也为周围的人带来助益，所有团队成员维护一个共同的团队背景，反过来这个背景又促进个人成长，4D将是我们可以为团队打造的最和谐的“能量场”。

——原新奥职业发展中心（新奥大学）总经理　张丽萍

4D是个神奇的系统，它以普遍适用的原理，能够针对性地解决个性化的问题，就像文化一样，是全人类都需要的。

4D解决的是心之惑，通过打开人们的思考之门，从而获得洞察力。换句话说，4D解决的是团队成员的根本动力问题。

我参加4D工作坊最大的发现是：镜子要照向自己。4D让我意识到生活和工作平衡的重要，现在我知道该如何更融洽地与儿子对话了——我将100%致力于工作，同时恰当地使用其原理为家庭成员服务。

目前，我们团队的成员都会自动地聚焦在团队目标上。遇到问题时，大家会自觉使用4D分析。例如，遇见不同意见，一个手势就能相互提醒——焦点指向自己，不再去指摘别人。在探论客户问题时，大家都会自觉根据颜色分类，关注对方的根本需求。更有意思的是，当团队有人陷入不支持的旧模式时，周围人都会用4D式的幽默让当事人自我体察，从而取代曾经的批判和指责，随时可见的是4D式的支持。

总之，我们的团队“水域”变得干净而喜悦，每一个成员真正可以如鱼得水了。

——中国企业文化研究会副理事长　黄新会

4D的核心是东方人的智慧，却被西方人活出来了。可以这么说，4D是领导力提升和团队建设的方便法门。

去年我和立品图书公司的同事们参加了4D工作坊，目前我又和华德福学校的同事们正接受4D系统的帮助。这是一个非常简单有效的学习系统，它为我们提供了一个有效沟通的语境，在这个语境中，我们很容易学习到如何真正实现“和而不同”。团队成长的基础是团队中每个个体的成长，有趣的是，4D能帮助我们觉察到平日里自己是怎么“出口伤人”的，而个人的成长，就是从一句话的改变开始的。

——北京立品图书公司董事长、北京南山华德福学校校长　黄明雨

还有一些团队在总结4D工作坊收获时，说出了其他许多意想不到的心得：

“以前以为成功只能靠辛苦和努力，4D让我看到了可以快乐成功的可能。”

“4D培养了我的觉察能力，因此获得了实现更美好生活品质的希望。”

“4D让我们获得了实现卓越绩效的能力。”

最为有趣的反馈是，原来一本正经，认为“只有合乎逻辑的情感需求才能被允许”的蓝色领导，参加了4D工作坊后，竟然认认真真地说：“以后会100%致力于增强情感体验，使用好情绪的能量。”

经常被问及4D系统设计的成果是什么，每个熟知它的人都会说：打造团队社会背景。真实的情况是，每一个参加4D工作坊的领导和团队都会有不同的收获，每一次都会让参与者内心充满能量。在美国学习期间，我们发现有一个NASA团队的领导人，连续六年带领队员参加4D工作坊，这在中国人眼里是不可思议的。问其原因，她回答说，4D系统是完整俱足的，每个人都在不断提升，在每一个阶段的收获都是不同的，正如4D系统的要义之一：“注意力之所在就是力量之所在。”

“4D绝对是一个值得投入的系统工程，它可以成为为中国组织和社会贡献的方式！”这是我们听到的对4D最有力的赞美。

期待更多的组织和个人能从4D系统中受益，有更多的人能在快乐幸福中工作和成长，充满活力和自信地实现理想。

杨永华，4D领导力学院联合创始人，4D系统创始人查理·佩勒林博士与国际教练联合会ICF双授权的4D卓越团队高级认证导师，国际教练联合会ICF认证专业教练，北京大学、北京航空航天大学、浙江大学4D领导力课程讲师。原喜达屋集团（中国）总经理助理，原北电网络（中国）有限公司市场需求预测亚洲市场负责人。

4D卓越团队——组织发展的好教材

殷雪林

转眼间，距离首次阅读这本书已经过去了12年的时间。在这过去的12年中，我们企业把书上的内容运用到了企业的组织发展上，取得了丰硕的成果。12年前，在我们企业开始做组织变革的时候，我们的关注和讨论的内容是，作为制造型企业，我们企业是否还适合存在在上海，这个中国经济最发达的城市，也是员工工资最高的城市，并且每年员工工资都在上涨，用工成本都在上升，我们的制造成本是否会持续上升？

12年过去了，我们企业的制造成本逐年下降，人均劳动生产率达到了12年前的5.7倍，产值是12年前的3.3倍。企业在2020年荣获上海浦东新区质量金奖，在2024年荣获上海市质量金奖。企业除了业绩大幅增加以外，在可持续发展方面也取得了不少成就。在2021年就实现了“碳中和”，成为中国第一家实现“碳中和”的制药企业，也是中国第一家实现垃圾零填埋的制药企业。

在社会责任方面，我们和复旦大学合作，成为复旦大学药学院的教学实习基地，和复旦大学的教学合作成果荣获2022年上海市优秀教学成果（基础教育类）一等奖。和华东理工大学合作，成为华东理工大学药学院的实习实践基地，并且和华东理工大学一起，推出了中国高等院校第一门质量文化课程《质量文化导论》，这门课程在2021年成为上海高校市级重点课程，并在2023年通过验收，获得优秀。在2025年，这门课程被上海市教委认定为《2024年度上海高校市级一流本科课程》。该课程配备了教材和网上课程，在全国的大学生网上教育平台“智慧树”和“学堂在线”上都有，可以供全国的大学生选修。我们和上海工程技术大学合作，推出了上海工程技术大学首个校企合作通识公共选修课《4D卓越团队领导力》，让《4D卓越团队》不但能为企业服务，也开始走向高等院校，提升大学生的领导力。

是什么样的情况，让我们企业从生存焦虑、自顾不暇，发展到今天的欣欣向荣、熠熠生辉呢？是什么让一个组织发生了如此巨大的变化？还记得在2013年，我们组织的员工敬业度调查结果只有57%，低于中国的行业平均水平67%，更是集团公司全球最低水平。伴随着员工敬业度低下的是员工的状态和绩效。员工都很忙，很焦虑，但是结果并不好。作为制造型企业，我们的成本压力是天然存在的。当时我们企业的加工成本比国际标杆高出70%，考虑到上海的工资不低，而且会每年增长，在上海继续运营制造型企业是否是合适的选择呢？如果说我们不能把企业的成本降下来，企业就没有未来。面对这样的组织情况，如何快速地进行组织变革，改变组织文化，提升组织能力是一个非常迫切的课题。

美国麻省理工斯隆学院教授艾德佳·沙因（Edgar H.Schein）认为，组织文化有三个层次：表象层、价值层和假设层。表象层，指企业中显而易见的工作环境、组织结构和流程；价值层，指企业明确表述出来的战略、目标和哲学；假设层，指企业内部视为理所当然的、无意识的一系列基本假设。沙因认为，假设层才是一个企业文化的核心，表象层和价值层有可能出现不一致甚至矛盾的现象，但表象层的所有现象都能够在假设层找到解释。

我们能从员工敬业度调查中发现的问题基本都是在表象层和价值层，例如：企业是否战略清晰，流程是否复杂，员工对工作环境是否满意等。对于一个全球化的集团公司，有统一的企业战略、规范的组织流程、一致的目标等，但是在集团公司不同的分公司，表现又完全不同。其根本原因是，决定这些表象层和价值层是否能有效的核心，其实是内部视为理所当然的、无意识的一系列基本假设。对于组织变革和重塑组织文化的核心，就在于要在组织中建立什么样的基本假设。

对于一个组织而言，我们希望组织成员人人有担当，当出现问题的时候，大家都向内看，从自己身上找问题，通过主动学习来提升自己，来解决问题；通过改变自己，从而影响他人；进而改变环境，改变世界。我们希望组织里面的成员，有团队意识，有合作精神，共同完成任务，一起分担工作，共同庆祝成功。我们希望组织里面的成员都是积极乐观的，组织中充满了正能量，面对困难和挑战，大家能够积极面对，迎难而上，激流勇进，充满韧性和战斗力！我们希望组织里面的成员能够高效沟通，减少沟通成本，提升组织的反应速度和反应能力，成为自主运行的敏捷组织。如何把以上这些希望变成现实呢？就是要把以上这些希望的要求变成组织的基本假设，成为组织默认的运行规则。但是，在这个过程中，我们需要对抗一些人性的特点。

人类有一些基本的人性特点，例如对于事件的归因，人类通常会有自我价值保护倾向，个体在归因过程中，对有自我卷入的事情的解释，带有明显的自我价值保护倾向，即归因向有利于自我价值确立的方向倾斜。例如，把事情办成了，一定是我很有能力，有本事；把事情办砸了，一定是有客观原因，有他人的问题，等等。这样的认知偏差，在组织日常的运行中，就会带来不利的影响，例如：事情办成了，大家都各自邀功，造成组织的不和谐，为组织的未来成功埋下隐患。当事情办砸了，大家互相推诿，没人承担责任，没人出来解决问题。

在人类的进化历史上，在漫长的与各种各样的灾难抗衡的过程中，人类进化选择出来的一个机制——负面信息加工优势。大家不妨设想一下，如果你是人类先祖，突然看见前方风吹草动，这至少有两种可能性，一种可能是虎狼出没，另一种可能是可爱的小动物。选择相信哪一种可能性更好？很简单，假设虎狼出没要好得多，因为你觉得有风险就会立刻逃跑，这样就能活下来，否则就可能落入虎口。如果前面真的是可爱的小动物，而你因假设是坏事情逃跑了，没有见到可爱的小动物，最多只是留下一个遗憾。所以，忽视负面的事情有非常坏的结果，而且不可逆。忽视好的事情，下一次还可以试一试，这就是人类进化选择出来的负面信息加工优势。时间进入了现代社会，人类继续保留和运用这样的负面信息加工优势。例如：一个人意外获得了1000元，出门不小心又丢了，那么接下来的很长时间里，他会一直在琢磨怎么这么倒霉，竟然丢了1000元，而并不会去考虑其实他并没有损失。消极、不动脑子是人类大脑的一种本能。而这种本能，在工作中，会演变成，只看负面的东西，只谈负面的东西，抱怨，负能量，消极。会破坏组织的积极性和向心力，拉低组织的能量。

每个人都有自己的人格特点，这些人格特点不同的心理学家做出了研究并有了发现，比如由伊莎贝尔·布里格斯·迈尔斯（Isabel Briggs Myers）和她的母亲凯瑟琳·库克·布里格斯（Katharine Cook Briggs）在荣格心理类型理论的基础上编制的一种人格类型评估工具——MBTI。不同的人格类型的人，与人相处的方式不同，交流沟通互动的方式不同，如果不能认识到人的不同人格类型，往往会造成沟通障碍，影响组织的效率和绩效。

以上这些人的特征，是带有普遍性的人类的基本特点。这些特点都会影响到组织的发展。帮助员工学习和识别这些人类的基本特点，给予正确的指导，创造出一个大家有共识的组织环境，是进行组织变革，发展组织，提升组织战斗力的基础。

2013年，当我在冥思苦想如果进行组织变革、组织发展的时候，一个非常偶然的机会，我了解到了《4D卓越团队》。我仔细阅读理解这本书的理论和用意，发现这正是我需要的东西。如果组织中的成员都学习这本书中的知识，并且运用到日常工作中，将会对我们的组织变革和发展起到极大的助力作用！

我非常佩服这本著作的作者查理先生。他通过自己在美国宇航局领导哈勃望远镜项目，先是失败，到解决问题的经历，来进行总结和反思。通过自己在大学中教授领导力的感悟，进行了总结和提炼，呈现出这个通俗易懂，又极具操作实践方法的著作。查理先生给到我们一个基本公式：AMBR！

A：Attention

M：Mindset

B：Behaviors

R：Results

这个公式诠释了人最重要的就是注意力管理，注意力在哪里，能量就流向哪里。我们要注意我们的思维方式，是“绿色”的（积极的），还是“红色”的（消极的）？“绿色”的思维方式给到我们能量，给到我们动力，给到我们幸福和喜悦；“红色”的思维会困住我们，让我们变得消极，抵触，抱怨，悲伤，抑郁。我们要有意识地让自己通过刻意练习，来保持积极思维的习惯。在积极思维的引领下，我们能做出积极的行动，能积极地应对各种挑战，赢得胜利，带来丰硕的成果。而避免让消极思维来影响我们，让我们止步不前。

注意力管理还可以帮助我们把注意力放在如何解决问题上，而不是放在问题本身。如果我们把注意力放在问题本身，问题就会被放大，而我们无能为力。当我们把注意力放在如何解决问题上，就会思如泉涌，发现各种解决问题的可能性。

注意力管理可以帮助我们把注意力放在如何从自身出发，来提升自己的能力。每次遇到困难，都是我们提升自己的方向和机会，成功一定有方法，打不死我们的，终将使我们变得更加强大！

思维的觉察和管理，能够帮助人们通过最短的时间意识到自己的思维和情绪，特别是产生消极情绪的时候。帮助大家通过描述自己的情绪和需求，而非发泄自己的情绪来解决问题，能够提升人际关系。

为了帮助人们更快、更容易地意识到人和人的不同，查理先生在MBTI的基础上，推出了更为简便的性格测试，让大家很快了解自己的性格特点是那个维度的，是绿色的、黄色的、橙色的，还是蓝色的。绿色和黄色性格特点的人，更愿意和人打交道；蓝色和橙色性格特点的人，更愿意和事情打交道。绿色和蓝色性格特点的人，思维更加宏观；黄色和橙色性格特点的人，思维更加细节和细致。和不同颜色性格特点的人打交道，可以很容易发现他们的人格和处事特征。自己也能够很快地了解自己的性格特点，并且通过学习和刻意练习，来和不同性格特点的人打交道。如果发现自己有时候和不同性格特点的人很难沟通，不妨邀请其他和对方具有相同性格特点的人去代为沟通，往往就能解决问题。

查理先生不但总结了思维层面、性格层面的指导意见，还给出了行为层面的指导意见。这些行为包括：感激与欣赏，共同利益，适度包容，信守承诺，基于现实的乐观，百分百投入，避免指责和抱怨，厘清职责。这八项行为是我们和他人互动时候的行动指南。运用的时候要按照顺序来使用。感激与欣赏满足了人们需要被尊重的核心需求。共同利益满足了别人为他自己做事的需求，同时也能达成你的需求，产生双赢的状态。适度包容满足了别人需要被理解的需求，同时也满足了你自己需要被理解的需求。信守承诺让你和他人建立相互信任。基于现实的乐观让你在关注不愉快的事实的同时，能激发出创造力和解决问题的能力。百分百投入破釜沉舟，创造出你想要的未来。避免指责和抱怨让你能够掌控情绪，营造健康、快乐、有适度回应能力的环境。厘清职责能够帮助你梳理清晰的做事流程、职责，来实现目标。

查理先生非常清楚，人在不同的环境里的行为是不同的。要营造出一个积极的，有利于解决问题、提升绩效的环境是另外一个关键因素。他给出了背景转换工作表。

在2014年的年初，我们企业开始了全员的《4D卓越团队》的培训，我和我的直接下属，和我们的全体员工，在不同的场次中，一起聆听与学习。并且每年都举办一场《4D卓越团队》的培训，让想进一步学习的员工有机会复训，让所有的新员工都能参加培训。

时间飞快地流逝，我们企业在2013年制定了目标，希望到2020年生产成本要降到全球标杆。这个看似不可能完成的任务，在2016年就奇迹般地实现了。我们企业的员工敬业度在2017年达到了85%，从2019年开始的每年的员工敬业度调查，达到97%，98%，99%……

随着员工的领导能力的提升，员工在工作之外，生活的幸福指数也大大提升。我们非常鼓励员工把学习到的领导力知识在家庭生活中实践。我们欣喜地看到，有员工通过学习《4D卓越团队》成功地走进婚姻的殿堂，组织了幸福的家庭；有员工从开始的婆媳关系紧张到后来可以调停公公和婆婆的家庭矛盾；有员工从满满的负能量转变成满满的正能量；在大学里抑郁的同学，加入我们企业后变得活泼开朗……

我们把《4D卓越团队》这本书，发给了我们企业的每一位员工，发给了在大学里学习这门课程的同学，我们衷心地希望，能有越来越多的人学习这本书的知识内容，运用这本书的领导力知识，来帮助企业发展，提升组织竞争力；更能帮助企业家们、企业中的员工们、大学生们，以及他们身边的人们过上更加幸福美好的生活。

殷雪林，上海勃林格殷格翰药业有限公司总经理，2025年5月写于上海。

活出4D的人生

李雪柏

昨天，送给海士国际的华成这本《4D卓越团队》的时候，我说：“你可能会喜欢这本书，对你的工作生活有所帮助。”他问我：“你能否用一分钟来解释它对工作的帮助？”他是做猎头的，我说：“你比照候选人的天性与他现在的工作和心态的差异，可以看出他的发展空间，还有他是否处在压力状态。另外，辅助的评估工具也会让整个验证的过程更加精准和具有科学性，有时候，人戴着面具太久，会忘了真实的自我。”

他问我在生活方面的帮助，我说：“我们之间的合作过程其实就是4D的过程。你是绿色培养型偏黄色包融，愿意和知心朋友分享感动，所以我们一起为大家创造了这个分享的平台。当有问题发生，遵循绿色培养维度的共同利益原则，我们必须找到共同点才能继续合作；而找出解决问题的可能性，是蓝色展望的维度；不论如何，我们还是要完成之前的协议，信守约定属于黄色包融的维度；而你我需要做的工作内容要有清晰沟通，这是橙色指导的维度。这样，我们就可以长久地做朋友。”

两个小时之后，收到了他的短信：“神奇的书。”我笑了，又有一个4D人诞生了。

用4D投诉

在学习的过程中，我渐渐应用在每一天的生活当中，提醒自己，这八大行为渐渐成了我每一天检验自己的标尺，其中对我个人帮助最大的一条是：是否能够信守每一个约定，并且在打破后及时道歉。有了这把标尺之后，我那“善变”的名声明显改观。

在一次投诉中我学以致用，效果出奇地好，事后我曾对朋友开玩笑说：“用4D投诉，你不但可以百分之百得到你所要的，而且对方还由此成为你的朋友，感激你的投诉。”

事情的过程大概如此：我在某饭店寄存的物品被误送到了千里之外，三天之后，虽然物归原主，但也确实给我带来了一些麻烦。因为和这家饭店合作了很久，其间已经产生了一些小小的误会，由于之前没有学习4D，便以假装宽容的态度进行处理，其实结果实在差强人意，还累积了负面的情绪。我决定借这件事把一切都处理一下。

我找到了经理，首先感谢他们辛勤工作，为我及时解决问题（绿色培养维度）；我告诉她，十年前我也在饭店工作，其中一项工作就是处理客人投诉，维持客户关系，我能够理解她的心情和为难之处（黄色包融维度）；问题发生了，我接受现实，并且相信她一定会在力所能及的情况下，弥补我的损失，并且改善工作疏漏之处（蓝色展望维度）；最后，我清晰地表明我的态度和期望，并且希望在具体时间之内给我一个明确的答复（橙色指导维度）。事情意想不到地得到圆满解决，我很开心，并且和饭店继续保持着长期愉快的合作。

成为4D领导者

我非常感谢有此机会翻译这本不同寻常的书，让我这个平时有些粗心随意的人不得不慢下来，品味其中的每一句话，感悟每一个故事的寓意。有时早晨翻译了某个段落，马上就应用在自己日常的管理工作中，有着立竿见影的功效。

我个人经营着两个小公司，根据其性质及4D原则，一个是以橙色职责等级分明的架构模式运营，另外一个则以绿色平级架构运营，结果都取得不错的成效。

前不久，当本书的作者查理来京的时候，我带他参观了这两个地方，告诉他我是如何使用4D模式的，他大笑道："你还真成了4D领导者。"我说："我的橙色维度还是有很大的提升空间，还需要在职责和角色中更加严谨，成本考虑需要更加仔细。"一位4D教练曾经说过：独行，走得快些；同行，走得远些。希望你也加入这个4D生活的大家庭中，让我们无论是家庭这个团队还是工作的团队能够以4D的方式组建、完善，让我们的生活更加美好。

作者序

《4D卓越团队》的出版生逢其时。随着中国在全球发展中扮演的角色越来越重要，加强并提高领导力成了中国及其国民的迫切要求，而本书所提供的流程正好可以满足这种需要。有些观察家认为，中国很快会加入以美国为首的世界领先国家的行列，或者取代美国成为世界第一强国。中国的劳动者积极性高，而且正日益受到良好的教育；中国领导人也制订了长远的发展规划。然而，中国要在保证国内外和谐稳定的同时，实现其可持续发展的创新型小康社会的目标，还要面临严峻考验。我以一个受过良好教育、阅历丰富的世界公民的身份撰写此书，而这个世界公民恰巧生活在美国。

很多人认为，美国政治体制不健全，已是一个风雨飘摇中的帝国。尽管这一点尚存争议，却也显示出，美国很多政治、经济、外交问题都源于领导不力。领导不力，一切皆不可能；领导有力，一切皆有可能。中国要在世界上处于领先地位，其各个层级都需要领导力。试想一下，如果有十亿杰出的领导者，那会产生怎样的影响？首先对其个人生活，然后对其家庭、所在企业和社区，进而对整个世界会产生怎样的影响？这正是本书通过不同流程，辅以网上个人及团队发展测评工具致力要实现的结果。翻开书页，你会读到这一切。

《4D卓越团队》的出版适应中国的实际需要，描述并解释了领导力培养工具和团队绩效提升工具。在中国经济中，几乎一切都规模庞大。大的企业员工人数达到10000~200000名，甚至更多。传统的领导力培养流程和团队绩效提升流程都只能做到一次一个人。因为成本过高，所以没有使用价值。

天体物理学家查理·佩勒林博士曾经领导NASA建造哈勃太空望远镜的团队。当事故调查委员会指出该望远镜瑕疵镜片的根本原因是“领导失误”时，他随即做了两件事：首先，他聚集人才组织修复委员会，及时修复了哈勃太空望远镜。为此，NASA为他颁发了堪称殊荣的“杰出领导勋章”；然后，他进入科罗拉多大学商学院，以“领导力教授”的身份给本科生和工商管理硕士生讲授“21世纪的领导力”课程。

后来，因为财富500强公司的各位老板邀请他把领导力培养课程带到他们的公司里，他创立了“4D系统”。他的公司从此开始在世界范围内与各种项目团队和工程团队合作，帮助这些团队提升绩效、降低风险。成效显著的4D系统的核心是通过管理团队的“社会背景”提高领导效力，进而提升团队绩效。这种力量同时也在改善团队成员的行为，就像磁场的力量会影响铁屑的聚拢一样。

2007年，他有了一个了不起的发现：在网上大约15分钟即可完成的4D团队发展评估，竟然能使多数团队在每次评估之后都能实现团队绩效提升5%！这个发现是属于世界的。他随后撰写了《4D卓越团队》，将其作为高效率、大规模领导力培养的“使用手册”。

2011年初，中国航天科技集团邀请佩勒林博士来到北京并授予他“访问教授”的荣誉身份。

未来清晰可见。中国拥有积极性高、自觉性强、受过良好教育的劳动者队伍。中国还有具有长远眼光的战略领导。领导有力，一切皆有可能。

第一部分

问题背后的问题

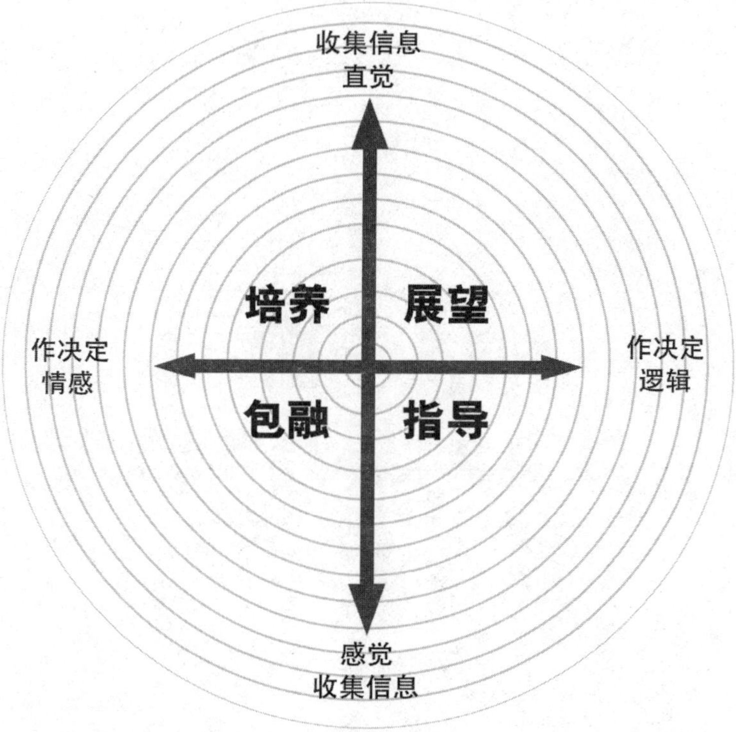

第一章
哈勃望远镜事故

希望你能喜欢我的哈勃故事。我第一次讲它，是在犹他州莫不镇参加白线地区自行车友篝火联谊会的时候。当时我没有想那么多，直到在几天后，朋友们请求我再讲一次，我才开始深入思索。我相信这个故事为接下来的内容拉开了序幕。

哈勃太空望远镜（1990年4月23日）

傍晚时分，肯尼迪航天中心。一位电视录像人员正把一条很大的缆线用胶带绑到我腿上。我刚从装载哈勃太空望远镜的机舱回来，进行了最后一次检查。当时的景象非常壮观：闪闪发光的望远镜与周围航天飞机闪亮的机舱门相互辉映。整个项目历时15年，耗资17亿美元，成千上万人为之付出了辛勤的劳动……

这一时刻终于来临了——明早，哈勃将升入太空。

我因此成为“夜线”的受访嘉宾。“夜线”是泰德·科佩尔主持的面向全国播出的一档新闻节目。我很少看电视，也从未看过这档节目。在节目播出前，制作人员让我盯着耀眼的灯光，足足有30多分钟。我当时觉得只有那些疲惫不安或者紧张的人才是深夜电视嘉宾的合适人选。他们承诺，提问会轻松、客气，但事实并非如此。在一般性问题之后，例如，NASA的预算是否应该用在一些社会项目上等，主持人问了一个关键性问题：“会顺利运行吗？”我表达了对团队充分的信任，还谈了我们如何周密的测试方案，最后信誓旦旦地保证：“会的！”

实际上，我还是心存疑虑的，但那是唯一理性的回答。假如真有任何意外情况发生，我也要让我的哈勃团队看到我的信心，以及我对他们坚定的支持——他们值得拥有这样的支持。那么，就等望远镜发射后看看会怎样吧。除此之外，别无选择。无论顺利与否，都在此一举了。

睡了几个小时之后，我回到了肯尼迪航天中心，发射控制中心里已在准备倒计时。遥望几千米之外的航天飞机，耳机里传来发射指挥官的声音。作为NASA天体物理学部门主任，我的任务是在发射及工作部署出现重大问题时，迅速提出处理方案。发射的过程按部就班：望远镜就位，启动，与地面保持通信联络。套用NASA的惯用语，一切“按计划进行”。

0.007秒角与17亿美元

为了实现在大气层外运行，望远镜必须以0.007秒角的稳定度对准天空的某一定点，这就相当于在华盛顿特区，用激光瞄准位于纽约市的某个建筑物上一枚25美分的硬币。

20世纪80年代末，白宫决定向苏联开放太空科学领域。在第一次与苏联代表的工作会议中，我是联合主持人。当我用图表说明哈勃瞄准点的细节时，苏方代表开始窃窃私语。我问苏方主持人发生了什么，他说：“没什么，只是一个翻译问题。”我说：“请解释一下。”他回答：“你在图表上说0.007秒角为瞄准稳定度，我们认为你的意思应为7秒角，对吗？”我着实花了一点时间说服他们，我们真的已经建立了一个可以达到千分之七秒角的稳定度的系统。那些科学造诣极深的航空专家无法想象能达到如此精确的性能。

如果哈勃在技术上只达到0.07秒角的稳定度，情况会怎么样？那意味着一个彻底的失败，因为它所拍摄的影像不会比地面上最好的太空望远镜强多少。那样的话，纳税人的17亿美元就打水漂了！但在它首次公开亮相之前，我们无法确定会达到这个水准。

上帝不喜欢自大狂

在举世瞩目中，我们开启了哈勃的孔径，让星光入镜。在我们的监视器上出现了一个模糊的光点，我放心地长长舒了一口气。我们大声喊起来：“成功啦！”

工程师们让我不必担心屏幕上模糊的现象，因为大家在发射望远镜时，有意让焦点偏离一点点。

哈勃看上去没什么问题，我决定去日本拜访一下同事。出发前，我去见了我的老板兰恩·费思科。他问我在我离开后是否得为我做点什么，我说："兰恩，我们刚刚取得的也许是有史以来最伟大的科研项目的成功，白宫一定会为我们在玫瑰花园颁发奖章的。"我继续道："你的工作就是确保是乔治·布什为我们颁奖，而不是丹·奎尔呦！"他笑了，说将尽其所能办到。回首往事，这真是狂妄自大呀。我很快就知道，上帝不喜欢狂妄之徒。

我的日本同行知道我想在纯日式酒店里会面，那里从未接待过外国人。之后，我一周都没有与总部联系。当我从成田机场飞往圣路易斯时，我想象着自己不在的这些日子里都会发生什么。

到达圣路易斯机场，我等候转机到华盛顿特区。尽管感觉还处在"清酒时间"，神还不错。我给秘书打去电话，她急切地问："你最近有没有和费思科博士联系过？"我说："没有。"她说："我立刻给你接通。"我想，什么事这么重要？啊哈，一定是到玫瑰花园领取奖章的事。几秒钟后，我听到了兰恩的声音："查理，你在哪里？"我告诉他当晚就回到华盛顿特区，他说："那就好。"

随后他突然问道："查理，你对球面像差了解多少？"我一边思忖他为什么问这个问题一边回答："据我所知，这是业余人士经常犯的错误，他们有时会做出平边镜片。一个望远镜如果出现了球面像差就废了。"

兰恩接着问："如果我告诉你我们发射的哈勃望远镜出现了球面像差，你会怎么说？"我回答道："我会说你觉得我在日本玩得太舒服了，而你却要对付华府的官僚，因此在嫉妒我。这个笑话可真不怎么样！"

他坚持说情况属实，可我死活就是不信。最后他说："好吧，放下电话，不要挂，你去买任何一份报纸，看看上面的头版头条，咱们再说。"我回来时，手中拿着一份《圣路易斯邮报》。他让我把头条读给他听，那份报纸标题写着："国家灾难——已发射的哈勃镜片出现瑕疵。""现在你怎么讲？"兰恩问我。我回答："你们这些家伙真行，怎么把一份假报纸塞到这里来的？"后来，我将这一时刻称为"'否认'不是埃及的一条河"。[否认（denial）和尼罗河（The Nile）发音很相似。]

广为人知的笑柄

回到华盛顿，事实摆在眼前：一个微小却很明显的错误使成千上万人的努力化为乌有。随后的几个月，我的哈勃团队无异于生活在地狱之中。

国会听证会是很严苛的。那时候，关于储备信贷协会的丑闻刚爆出来。国会代表宁愿在电视上高调抨击NASA高管，也不愿为信贷危机做出解释。在一次听证会中，一个成员问我："佩勒林博士，你此前告诉我们，哈勃与其他任务相比较，最先进的地方是对紫外线的观测，对吗？""是的，没错。"我说。我以为他想问我为什么不认为镜片是受到了污染，哪怕只是一分子般大小的油污，也会在紫外线之下导致镜片变黑。我们总是担心光学污染的问题。

可是，这位代表用责难的眼神看着我说："主席先生，证人在撒谎。每个人都知道紫外线辐射是看不见的。"我的第一个念头是想解释，我们有可以把紫外线辐射波转化成电子符号的探测仪。然而，我有了一个更好的主意，我说："先生，人眼也无法看到X光，但你却可以在底片上看到X光的影像。"主席说："你打乱了会议秩序，会议记录只记录到议员的话为止。"

在第一周的听证会之后，一个朋友邀请我到狼阱公园去听室外音乐会，公园位于华盛顿城外。喝过一瓶红酒，吃了一顿美餐，仰望美丽的星空，世界看上去还是那么美好。朱蒂·科林走上台对着麦克风开始演唱，但没有声音。于是她走向另外一个麦克风，说："幸亏不是那些制造哈勃望远镜的傻瓜造的。至少，我们还有个备用的。"当时我感觉真是糟透了。我们的失败已经成为广为人知的笑柄了。

尽管我逃避夜间的电视节目，但是嘲笑还是让你无处藏身。电影《白头神探21/2》有一个酒吧里的场景：几张画挂在吧台后作为背景——摄像机刻意扫了一遍那些画——海登堡号着火、泰坦尼克号沉没，再就是哈勃太空望远镜在轨道上的印象画，和我办公室里那幅一模一样。

NASA人向来是骄傲的，但是这些侮辱深深伤到了他们。哈勃飞行系统经理，才智过人的道格·布鲁姆，把这次失败归咎于自己，他突然间患上了癌症，几个月后去世了。他曾经是一个伟大的人，获得过两枚NASA颁发的杰出领导勋章，一枚是因为他为阿波罗号所做的工作，另外一枚则是因为哈勃（当然是在出现瑕疵镜片之前）。

我的老板兰恩从“挑战者号”失败中学到的一个教训就是，在别人给我们安排事故调查委员会之前，自己先组建一个。兰恩迅速任命备受尊重的NASA喷射推进实验室主任艾伦将军组织专家，查找问题究竟出在哪里。兰恩任命我为委员会的联络人，因为我无论与政界打交道，还是在了解望远镜的技术方面都是最佳人选；另外，我在1982年加入这个部门，而镜片是承包商在1977年生产的，所以我应该和瑕疵镜片没有关系。果真没关系吗？

承包商为什么不报告？

委员会一次次开会，可是调查进展缓慢。后来，有一位专家计算出如果零矫正器在矫正中出现偏差（几公分的偏差），就会出现难以想象的巨大错误，这个装置就在承包商工厂的贮藏室里。他们测量了那个矫正器，证明了专家的计算。当时我心里想，好极了，我可以回到我的部门，再度正常工作了。

然而，艾伦将军并没有停止他的调查。他发现，在许许多多的测试中，都有迹象表明镜片有瑕疵。他不明白这些精明的技术人员为什么没有紧紧抓住这些迹象把问题搞清楚？最终他弄明白了，是因为预算和工期的压力逼迫他们拼命地赶进度。

紧接着，他思考为什么NASA的科学家和工程人员没有注意到这些问题。委员会最后得出了恼人的发现：承包商从来没有向NASA报告这些问题。现在，事故调查委员会的质疑是——他们为什么不报告？

事故调查委员会最终如此上报国会：17亿美元的望远镜出现瑕疵是因为领导失职。艾伦将军在报告中指出，承包商与NASA管理者之间的敌对情绪，导致他们在出现技术问题时，不愿通知NASA，因为他们厌倦了指责。这一发现着实让我震惊不已。

在那段时间里，NASA、国会或者管理层，没有人想谈论哈勃以及哈勃的修复计划，他们只想让事情尽快了结。命运把我推到这样一个位置上：我成了唯一有足够动力和能力承担修复任务的人。

零矫正器的错误意味着我们的镜片虽有规格错误，但确实近乎完美。全世界的科学家迅速设计出各种修复出错像差的方案。我和我的预算分析师只花了几个小时，通过延后或者削减一些部门的预算，立刻就筹集到了6000万美元的经费。我请求NASA那些最棒的，也是最聪明的人加入进来，共同修复哈勃，他们都同意了。于是，在太空中修复哈勃的任务就这样开始了。

第二章
背景管理是团队管理的核心

在日常生活中，背景管理影响到我们生活的方方面面。例如，自助餐厅会把昂贵的菜品最后摆出来，而且摆到不容易够到的地方，大多数人早就识破了这个伎俩，所以在看完所有的菜品之后，才把需要的食物放进盘子里。社会背景是一种无形的背景，也在潜移默化地影响着我们的行为。本书的核心理念是：社会背景左右我们的行为。因此，团队背景（即企业文化）也决定一个团队的绩效。下面介绍的是背景与行为的管理工具——AMBR流程：

AMBR流程——背景管理工具

- 你的关注点（Attention）
- 加上你的心态（Mindset）
- 影响你的行为（Behaviors）
- 产生你要的结果（Results）

“社会性大猩猩”！

如果你对这一发现感兴趣，我建议你去买D.J.西蒙斯的录像《令人惊叹的视觉》，内容是关于一群学生在走廊中玩篮球的情景。给你的同事播放一下，让他们数数穿白衣的学生传了多少次球，这样是为了让他们有关注的焦点。同时告诉他们，此次计数非常重要，一定要相当准确，这样说是为了让他们注意力更加集中，同时创造出竞争的心态。

录像放完后，参与者会非常热情地告诉各自的计数情况，一般他们会说传了17次球。之后你再问他们是否注意到录像中有什么异常之处，很多人会说“没有”。你告诉他们，有一个穿着黑色大猩猩服装的人走进来，还不断地捶胸，5秒钟之后就退出去了。如果他们不相信你的话，那就再播放一遍录像。好了，这次所有人都看到了大猩猩。但他们中的一些人还会提出质疑，坚持认为你播放的一定是另一段完全不同的录像。

这段录像说明了技术团队所面临的挑战。正如大家所观看的录像一样，受过技术训练的人极度关注自己的工作，就像数多少次传球，他们看不到“社会性的大猩猩”。也就是说，他们无法管理没有看到的社会背景。当我们把人们的注意力带到影片中的大猩猩上面，每个人就都看到它了。所以，阅读完本书之后，当有一些危险的“社会性大猩猩”出现时，你就会注意到了。

哈勃瑕疵镜片事故是否由于我们没有注意到哈勃的“社会性大猩猩”呢？很显然，情况就是如此。无法管理社会背景，是导致绩效不佳甚至失败的最常见原因吗？现在，让我们一同回顾和检视重大的空难事故吧。

来自空难的调查报告

对空难的调查研究，让我们深刻了解到忽视社会背景的风险。关于意外事故如何夺走了航天员的生命，整个调查非常彻底。NASA的斯蒂芬·约翰逊在2008年写道：“很多时候，我们发现失败或者引发失败的原因是技术问题，但究其根源却是社会原因或心理原因……尽管还没有完全的数据证实，根据我的感觉和我在这个领域中的经验，以及与其他工程师的探讨，我认为，80%甚至95%的失败原因是人为错误或沟通不畅。”

- 挑战者号爆炸后，戴安娜·沃根在《挑战者号发射决策》中写道：“我所提供的证据驳斥所有传统的事故原因。这些事故应归咎于管理失误……以及每况愈下的判断力……相比过去被广为接受的解释，修改的历史和本书所提出的社会学解释更骇人听闻，因为那些不可见以及未获认知的问题往往无法诊断出来，因而无法得到纠正。”

- 回顾起来，哈勃瑕疵镜片的根本原因在于背景管理失败。哈勃项目引进了一流的人才，而我们这些管理者所创造出的社会背景，却让这些人才无用武之地。NASA总部及为NASA管理哈勃场地的马歇尔太空飞行中心的经理们，再加上我本人在内，不停地向承包商指责施压。于是这些承包商在无权无利的情况下，采取了游击战术，也就是隐瞒问题信息。
- 一支技术队伍摧毁了一个即将完成的价值2亿美元的“NOAA–N–Pime”气象卫星。他们在一侧转动承载着卫星的支架，却不知道另外一组技术人员已经把底部的螺丝松掉了。他们忽视了要查看所有螺丝是否固定的步骤。洛克西德·马丁事故调查委员会邀请我加入他们的调查工作，因为他们认为事故的根本原因是懒散的组织文化。我因为没有时间而婉拒了邀请。他们起草调查报告后约见了我，说：“我们想跟你谈，是因为我们报告中指出的根本原因是文化问题。”
- 我后来阅读了发表于2004年的事故调查报告，报告中写道：“运营团队未按操作流程操作，缺乏严格的纪律约束，在操作太空仪器设施时持有傲慢态度，沟通不畅，同时协调不当。”
- 格拉德威尔在《异类》（Outliers）中指出，造成飞机失事的情境原因是：在恶劣天气下催促疲惫的飞行员，导致沟通出现问题。一次典型的飞机失事中，会连续出现七次人为失误，这些失误很少是飞行技术或常识问题，大多是团队协作和沟通问题。
- 1988年至1998年间，大韩航空失事率比航空业平均失事率高出17倍之多。调查者发现，问题的根源在于韩国的社会背景已经转移到机舱里。机长的社会地位非常高，以至于资历较浅的助手们只能在机舱内用委婉谦卑的方式与之交流，造成机长独自一人掌管飞行。而现代飞机的设置需要二到三人同时操作才能安全飞行，不是某个人有足够的飞行技术或者培训就能做到的。阿尔顿（Aleton，波音公司的子公司）的专家已经帮助他们实现了平等的团队社会背景，今天，大韩航空已经和其他航空公司一样正常了。

哈里餐厅的背景管理

斯特洛维奇和奇普斯合著的《培训不等于绩效》(*Training Ain't Performance*)令人信服地提出了一个观点：工作场所的绩效不佳往往不是个人因素，而是环境问题。我个人更倾向于背景这个词而不用环境。两位作者宣称，绩效与环境（背景）相关的时间占80%，而与个人能力联系的时间只有20%。此外，他们认为培训很有必要，但要产生长期的绩效就不够了。根据他们的发现，一旦个人掌握了基本技能，如果只做培训却不做任何背景管理等于是浪费钱。因此，有效行为是分析与管理背景。二人合著的《培训不等于绩效》中用哈里餐厅的故事，详细阐明了这一观点。

哈里餐厅最核心的竞争优势是它的烤面包，但是，服务生却很难做出始终不变的高品质面包，而且餐厅附近又开了几家连锁快餐店。为了应对竞争，哈里聘请《培训不等于绩效》一书的顾问制订出一项培训计划，目的是训练服务生能够做出品质始终如一的烤面包。这些顾问从下面六个方面分析了现状：

1. 对服务生的良好绩效是否有激励机制？有，小费足以激励他们。
2. 服务生是否具备足够的技能和知识制作面包？有，他们都知道怎么做。
3. 他们的身心状况是否足以应对制作面包的整个工作流程？没问题，服务业工作强度大，同时哈里本人也是一个要求极高的老板。
4. 他们是否有动力？有，所有的服务生，像我们大多数人一样愿意努力工作。
5. 所有的服务生是否都清楚他们的角色、责任和授权？简而言之，他们作为团队成员是否知道他人对自己的期待？还有，他们是否知道如果取得成功，从哪里可以获取资源？回答是否定的。因为他们同时还有其他的任务，例如点单、清理厕所、填满盐和胡椒瓶子，还要把食物和面包送到餐桌上。
6. 所有的服务生是否有足够的资源？例如，烤面包机？没有，这里只有一台面包机，而且备餐区空间不大。

第五、第六项是有关背景的短板部分，也是绩效不佳的根本原因所在，问题并不是人员培训不足。解决烤面包的质量问题在于关注第五、第六项：

1. 雇用帮工和清洁人员，保证服务生把精力集中在服务顾客和烤面包上。
2. 增加烤面包工作台数量。

简单培训员工只会浪费钱。你的团队怎么样？与哈里餐厅是否有相似之处？下面，我们就来探讨背景与行为之间的关系。

背景影响性格

迈克姆·格莱德韦尔在其著作《引爆点》（*The Tipping Point*）中指出，比起天性来，外界环境或背景对我们的性格影响更大，他说："……大多数人看上去保持了一贯的性格，其主要原因是我们善于控制周围的环境。"这个论点很令人震惊。你是否也受到了困扰？有关性格主要受社会背景影响的这一说法，我在初次读到时甚感困惑。因为我一直相信自己一贯的良好道德行为来自家教；同样，我相信我的孩子们的良好性格主要源于他们所受的培养。我一直相信"种瓜得瓜，由内得外"的理论。

而我现在完全相信格莱德韦尔的理论是正确的，背景确实影响性格。我的检测方式是任何一个物理学家都会采用的：它是否可以解释观察到的现实？格莱德韦尔的论点解释了诸多行为，例如安然公司、白宫、美国国会的行为，电影《玫瑰战争》中的人物行为。

我个人的性格到底与内在还是与外在环境相关呢？我宁愿相信，无论环境如何，我都是一个有道德的好人，但我要在此开玩笑说："在我离婚压力到达极限的时候，要是手里有把枪，我准会进监狱的。"

NASA及其他航空航天工业部门很多优秀的项目经理（他们运作着数十亿美元的项目）告诉我，他们知道过不了一两年，高管们就会解雇他们，原因是他们无法避免大型项目超支。当项目经理汇报为何超支时，管理层往往会因他们的汇报内容指责他们。

我们现在做的是不让NASA继续解雇他们的项目经理，而是像哈里餐厅所做的那样，利用本书提供的诊断工具去检查背景。背景是创立并保持高绩效团队唯一确保终极成功的方法。我希望《4D卓越团队》能成为你采取类似行动的动力。

第三章
4D系统——神奇坐标的诞生

我刚到科罗拉多大学的时候，如饥似渴地阅读商业方面的书籍，很多是关于著名商界人物的逸事，比如杰克·韦尔奇、比尔·盖茨、安迪·格罗夫等。我甚至用一套卡片列出成功领导的67个秘籍。尽管这些书在阅读时极为有趣，但罗列出来的各种成功因素因人而异，很难在实践中应用，因为大家说法各异。

神奇坐标的诞生

我坐在科罗拉多大学的办公室里，思索着如何利用自己物理学的背景简化团队和领导者的分析。过去我和大学部物理学同行彼此开玩笑说："正确的坐标系能把一个不可能解决的问题，变成两个可以解决的难题。"于是，我开始考虑使用坐标系。我花了整整一个夏天，研究如何把畅销商业书籍中列出的要素合乎逻辑地放到坐标系里，但未能取得成功。后来我看到了呆伯特的漫画，上面说："每一个咨询顾问都是靠某个二乘二矩阵养活自己的。"一点没错！于是我把所有的精力都投入到坐标系上。

杰出的物理学家理查德·费曼，在量子场理论中发明了使用简单绘图来呈现分布状态，例如电子与正子互撞对灭。4D坐标系与此类似——它简化了高绩效团队和卓越领导者的关键的构成。卡尔·荣格于1905年发表的关于人的性格发展理论，给了我灵感，使我发展出自己的一套方法。我使用的一些词汇看上去与著名的迈尔斯—布里格斯性格分类指标很相似，这是第二次世界大战期间发展出来的一种心理学测试工具，将人的性格分为十六型。然而，我所做的和他们的成果没有任何关联，只不过两者的灵感都来源于荣格的理论。

一名记者曾经请理查德·费曼给物理学下个定义，他回答说："物理学就是物理学家在深夜里所做的事。"实际上，物理学家用被称作"定律"的数学模型理解自然。这样的概括简化了自然，并且使我们对未来做出可靠的预测。但这些定律必须通过实验结果验证，而物理学家往往从推测定律开始。由此，我在想用什么样的XY坐标可以简化我们对团队和领导者的认识呢？从最基本的领导行动开始比较合情合理——利用信息做出重要决定。由此，我确定了"决策"这一项。

在图3.1中的X轴部分比较合适。现在看看，我们用什么方式来做决定？幸运的是，有两种方式可供选择，我们将之置于X轴的两端：有些人倾向于用情感做决定；而另一些人则倾向于逻辑。

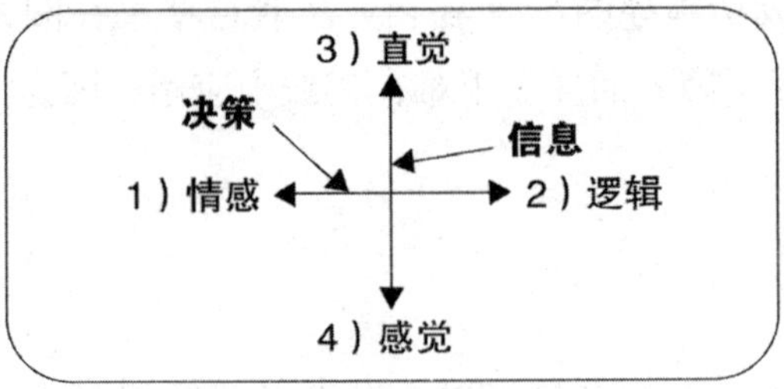

图3.1　4D分类坐标

一位工作坊参与者曾经说："我无法相信有人会用情感做出重要决定。"我半开玩笑地问他："那你是怎么选太太的呢？用问卷吗？"他马上回答道："事实正是如此！"真服了这些工程师啊！

你在后文将看到的是，像甘地和艾森豪威尔那样的伟人，属于情感决策者。他们对看重的东西赋予激情，他们真诚地关爱他人，他们激励人们追随自己，并且赢得他人的绝对忠诚。

卓越的科学家和工程师一般都是逻辑决策者。在后面的章节中，你会看到霍华德·休斯和电影《球场雄心》中的教练都是典型的逻辑决策者。另外，爱因斯坦也很可能是个逻辑决策者。而实际上，人的天性决策倾向有一半是情感，一半是逻辑。

我们应该选择什么作为Y轴呢？我们在做决定前需要收集信息。因此，我们选择了“信息”做Y轴。幸运的是，我们获取信息的基本方式有两种：感觉和直觉。我们中有70%的人天生倾向于感觉，五种最常见的感觉是：视觉、听觉、味觉、嗅觉和触觉；而另30%的人天生靠直觉获取信息。

我们靠感觉获取信息的方式很简单，大多时候是靠看和听，而想象力和直觉到底是怎样运作的却不得而知。盖瑞·克兰恩曾对消防队员和紧急救护工作者进行了研究，在其著作《力量源泉》（*Sources of Power*）中提出：“直觉就是我们把经验转化为行动的方式。”直觉看上去是我们的经验在无意识状态下快速整合的体现。

丹尼尔·吉尔波特在其著作《快乐为什么不幸福》（*Stumbling on Happiness*）中指出：“人类是唯一思考未来的动物。”我们平均会花12%的时间思考那些尚未发生但有可能发生的事。吉尔波特还断言，我们是利用想象的未来（根据那些不够完整的记忆）做出决定。这些决定可能包括选择是去参战还是和某人结婚。因此，我把这种决策方称为“想象的信息”。

4D领导力

现在，按照物理学家的程序，我要把所有的设想和猜测实际应用一下。我试着利用4D系统进行分析，把领导者的特征分成四个核心要素，我称之为“维度”。我之所以用“维度”而不是“象限”，是因为后者听起来过于乏味。结果如图3.2所示，你可以看到四个维度的名称及其颜色标志。

情感与直觉——培养维度：代表深厚的情感及对美好世界的憧憬，还有对他人充满深切的关怀。在这一维度里，体现的是被感激的需要，同时对他人与自己的共同利益表示关注。我将培养维度用绿色标志。

情感与感觉——包融维度：代表当前的情感体验。而这种深刻的体验是在与他人的关系中获得的——和谐、包融和联结感等。在这一维度里，体现的是对包融的深切渴望，人们通过在各种关系中信守协议而保持诚信。我们用黄色作为包融维度的标志，选择黄色，是因为我们把纯粹颜色都用到另外三个维度上了。尽管黄色有时会引起负面联想，但是用黄色作为标志，是因为它强烈地厌恶冲突。

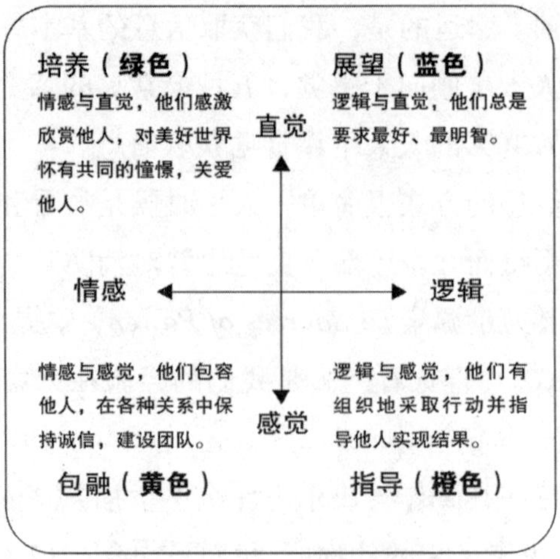

图3.2　4D系统分析领导力

在工作坊中，我通过与某一参与者握手来示范这种类型。我们两个都会笑起来，接着，我指出这一行为涉及情感与感觉方面的体验。在高绩效团队背景中，所有成员都努力包融他人的观点，满足任何人希望被聆听的强烈需要。

逻辑与直觉——展望维度：指的是思考未来的可能性。领导者在这一维度的行动包括：承认现实困难，同时展望不可能的可能性，所以他们能够创造他们想要的东西。我们用蓝色作为展望维度的标志，代表遥望蓝天进行思考。

最后是逻辑和感觉——指导维度：这一维度表示要采取行动，即组织和指导别人。领导者的行动就是管理，包括计划、组织、指导和控制。我们用橙色作为指导维度的标志，是因为橙色象征太阳，管理着我们的日夜作息和季节交替。

要注意，每个维度的第一个词汇来自决策轴——情感或者逻辑，决策特点比通过直觉还是感觉获取信息更为重要。两种决策过程差异明显，因此我们用“情感型”和“逻辑型”来区分领导者。通过实际练习，你通常在与某人见面几分钟后，就能判断这个人属于哪种类型，因为两种类型的差异十分明显。

在帮助团队进行评量分析中，我们发现人们喜欢用颜色来命名他们的性格类型。在4D系统中，这些颜色标志最终代表一切，包括性格类型、文化背景和项目模式等，详见图3.3。

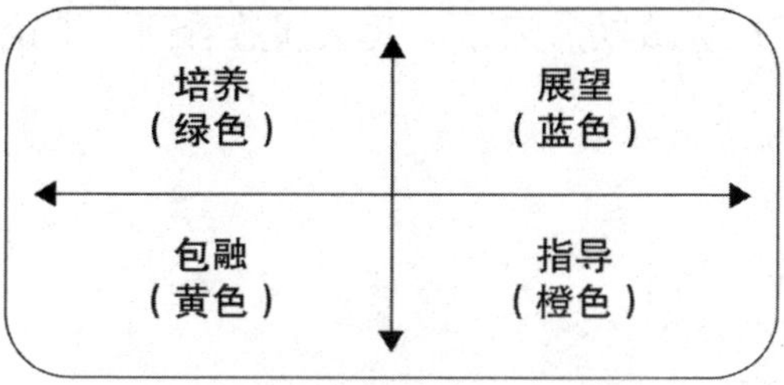

图3.3　4D系统的颜色标志

有关4D的验证结论

我对4D系统的研究始于1994年，当时我在科罗拉多大学工作。库泽斯和波斯纳合著的《领导力》（*The Leadership Challenge*）非常流行。我在书中寻找关于领导力的实际数据，获得了以下发现：

1. 美国管理协会进行的1500人调查；
2. 联邦政府实施的80名高管追踪调查；
3. 2600名高级经理完成卓越领导力调查并进行研究。

每个人都被问到了这个问题："你最敬佩的领导是什么样的？"研究结果报告如下：

- 第一，80%的人回答是**诚实**。表现为通过与他人真诚互动，同时敞开心扉，包融他人展现的真实，这与黄色包融型领导特点非常一致。
- 第二，67%的人回答是**能力**，包括能干、高效，这与橙色指导型领导特点非常一致。
- 第三，62%的人回答是**前瞻性**，这与蓝色展望型领导特点完全匹配。
- 第四，58%的人回答是**能激励人**。关爱、感激和欣赏他人是最有效的激励人的方式，这与绿色培养型领导特点非常吻合。

4D系统与研究数据的一致性令人鼓舞。我开始在团队建设的工作坊中应用这一系统，并取得了巨大成功。后来，我又偶然看到一篇论文，实在引人关注，让我无法不谈到它。

盖洛普高绩效团队

科特·考夫曼与吉姆·哈特在1999年做出如下报告：“组织机构一直太多依赖财务衡量指标或‘硬性’数字指标来评估绩效……而先进的领导者越来越依靠‘软性’数字指标，对发展方向与行动计划做出最佳预测。”

我们继续用盖洛普大规模的调查研究来验证我们的4D系统。他们使用12项关键指标，如生产力、赢利状况、员工流失率以及顾客忠诚度等，对来自12个行业、450家公司的100万名员工的调查结果进行了分析。令人不可思议的是，每一支团队都想要同样的东西。

对图3.4盖洛普领导力指标的4D分析结果表明：

第一，盖洛普的调查结果关注了所有四个维度，而我相信关注四个维度对提高团队绩效和领导力非常必要，而且也足够了；第二，对于某一维度中的具体行为，可以有诸多方式去实现。每个维度的核心主题在盖洛普的案例中都有所呈现。例如，在包融维度中，我们视包融为最好的朋友，也包融他人的各种观点。另外，4D系统做出的一项预测获得了数据支持，这一预测像定律一样得到认可。

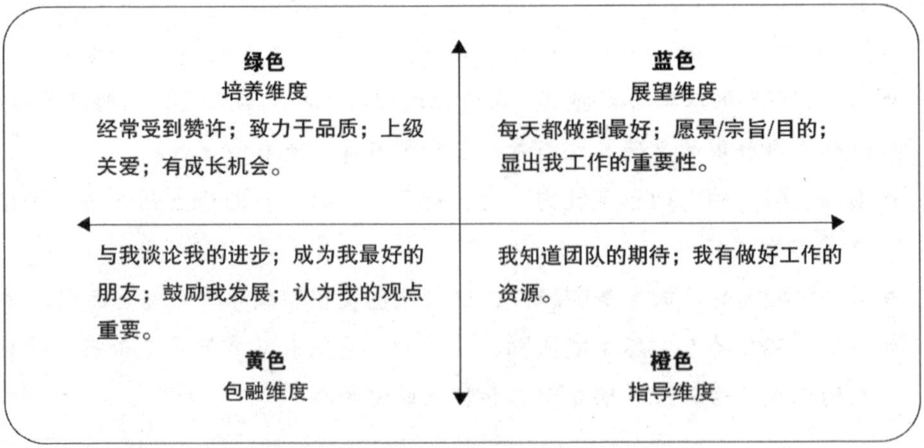

图3.4　盖洛普“关键指标”的4D分析

你也许会担心盖洛普调查所描述的背景是否存在于现实的世界中，我们继续往下看。

科普顿伽马射线天文台

几年前，我在科普顿伽马射线天文台（CGRO）建成十周年学术研讨会上演讲。那次的体验真是奇妙——每个人描述在天文台非常美好的工作经历。那台重达20吨的伽马射线天文望远镜描绘出了自然界最罕见的光子图——从黑洞和类星体发出的。

他们在天文台的工作经验并不只是感觉良好，这支团队按日程和预算要求完成了复杂的天文台项目。其实，坦率说，这一发射项目因“挑战者号”爆炸而延期并获得了额外所需的资金与时间。伽马射线天文台团队获得了国家太空俱乐部奖，其承包商（TRW）也获得了NASA颁发的哥德塔太空飞行中心年度最佳承包商奖。此外，伽马射线天文台在太空轨道上的运转也不负众望。

泰瑞·华森，TRW公司的运营经理，在研讨会上展示了一张幻灯片，描述他在伽马射线天文台的工作状况。我使用了这张幻灯片，并用4D系统分析了他的观察结果（如图3.5所示）。注意，这句动人的话语包含了情感面的两个维度：

“充满诚实互信、理解的气氛。”请注意再度出现的模式：

1. 首先，关注了四个维度；
2. 具体词汇与每个维度的感觉非常一致。

伽马射线天文台的高绩效背景分析支持了我们的核心假设：要建设高绩效团队，4D系统中的四个维度是充分必要的条件。研讨会上的有力证据说明，伽马射线天文台的团队领导和成员表现的是4D行为。另外，4D系统的广泛应用，使我们的流程、评估系统、工作坊、教练活动和背景转换成为一体性的工作。接下来我们研究的是发展过程中因缺乏一体性而造成的缺陷。

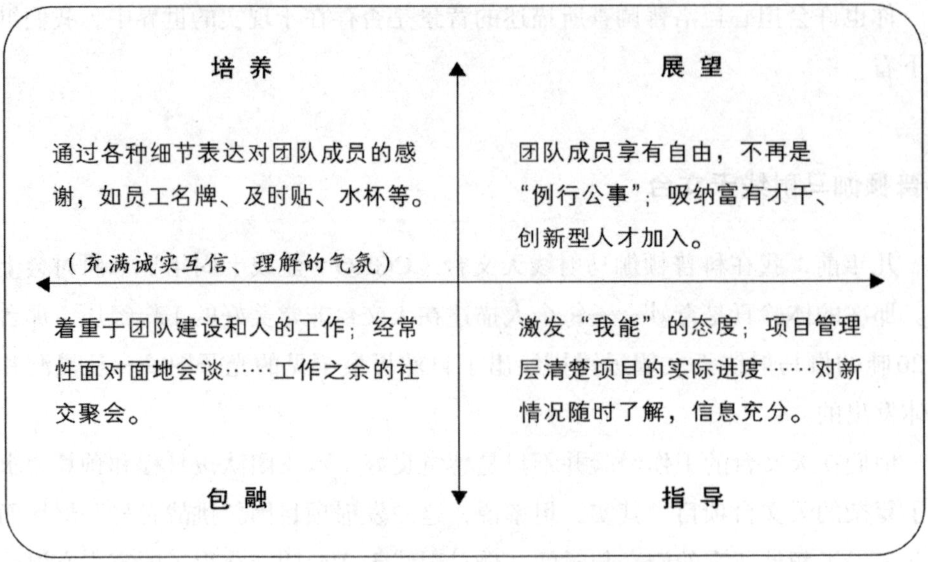

图3.5　伽马射线天文台背景的4D分析

传统方法的局限

不幸的是，许多团队建设和领导力发展方法都缺乏评量与发展流程之间的一体性。多年前，一家极负盛名的培训公司为我做了一次关于我本人的“360度”评估（之所以称为360度，是因为该评估包括了上级、同僚和下属各方的观点）。10个人完成了50个问题的问卷调查，之后他们把问卷寄回公司进行分析。公司做出了关于我个人的报告，并在一个月之后寄给了我。我打开后，首先看到的是：“你有时是一个很难合作的人。”我立刻拿着这个报告去见老板。他说：“是这样的，不过你是我最好的经理。”我接下来问他：“我该怎么做才能有所改变？”他说：“我也不知道，你为什么不打电话问问这家培训公司的人？”问询后的结果是，他们也不知道我该怎么做。真是浪费大家的时间！（我的下一次绩效评估中出现了这样的评语：“如果查理能学会愉快地容忍愚蠢行为，他会做得更好。”）

相比之下，在4D系统中，结合了团队与个人发展评估和发展流程。每个4D流程都评估或发展相同的四个维度，以及与之相关的八项行为。

小结

本章讲述的是用一个类似物理定律的系统代替对高绩效团队和领导至关重要的特点罗列。这是物理学研究工作有趣的一面。我们不可能证明一条物理学定律，只能应用这些定律，并通过足够的应用实践证明这些定律是对的，我们对它的预测能力有足够的信心。我对持续使用4D系统充满信心，因为它被充分而且反复地应用在领导力和团队发展之中。接下来我们要探讨在线4D评估系统。

第二部分

4D评估的神奇力量

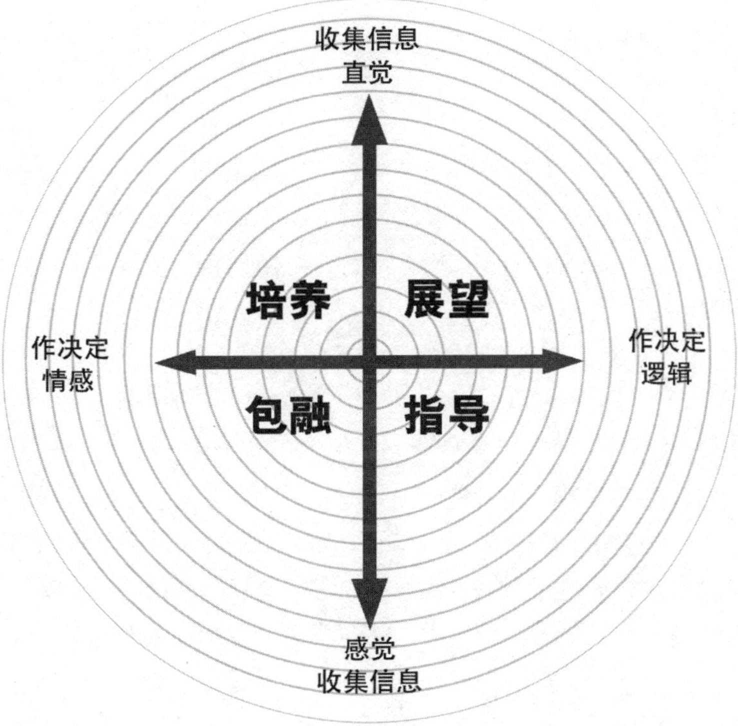

第四章
4D评估流程

我们称之为团队发展评估和个人发展评估，旨在强调评估的作用在于帮助发展，而不只是评量。我甚至不想把“评估”这个词放进名称里去，但它确实是一种依照标准进行的评量。我将之比作医生的检查，不管你感觉好坏，做一次健康检查不是坏事。另外，正如医生量血压会参考他人的标准，我们的评估也会将你的分数与其他团队和个人进行比较，来评估你的绩效。

我在本章中安排了如下内容。首先，我谈到自己怎样第一次意识到4D评估改变行为的力量；其次，我描述4D评估的过程；最后，我向大家展示评估的数据样本。

团队评估引发行为改变

几年前，我的投资顾问评估了我们的团队建设公司（4D系统公司）的经营策略。他们对我们的4D流程颇感兴趣，并且愿意用它处理他们遇到的问题，其中包括员工留任问题。我一如既往从团队评估开始，该公司两个团队的行为都处于底部五分位，相当于我们300个团队中垫底的20%。

这些低分引发了对第十八章“岗位安排做到人尽其才”中所谈到的“七宗罪”的研究。

我怀疑团队领导的行为正在阻碍团队绩效，我们在其后的个人发展评估中证实了这一观点。一位团队领导对这一结果非常用心，他与一名4D教练合作，改善自己的行为；而另外一位团队领导却没有这样做。

这个团队发展评估的数据你会在本章后面看到。这些数据表明该团队的发展重点在角色和责权方面。这个小企业正从蓝色创业型转变成橙色组织型，为此陷入经营困顿之中。

阅读该团队的评估报告时，我注意到一些有趣的现象。尽管分数低，但是报告却又表明，他们非常清楚评量结果。后来我了解到，原来这两支团队在几年间，一直在接受另一家公司的培训，并参加其举办的年度工作坊。显然，理性知识不足以促使行为发生改变。与我们的以往过程一致，我将报告结果汇报给两位领导，然后他们又向各自的团队成员进行了简要通报。按照我的建议，他们宣布四个月之后再做一次同样的评估。我还采用第六章“发现你的性格”，为团队做了性格诊断，看看“谁在与你共事”。我的想法是要减少性格方面的冲突，尤其是针对深蓝型的创业导向性格。将性格差异命名为天性，是为了更容易让人接受。

在大约五个月后，我重新为他们的团队和领导做了一次评估。第一支团队从垫底的五分位进入顶尖的五分位。这样具有戏剧化的转变一般需要几轮评估才能做到，而该团队却是一次到位。团队成员证实了他们无论在彼此相处还是在对待客户的行为方面，都非常重视自己的新分数，同时他们的领导也提升得很快。而另一支团队及其领导却没有很大的提升，这也符合我们一贯的经验：只有团队领导全心投入要求改进，4D流程才会很有效。

那么，4D评估又是如何提升绩效的呢？我相信有这样几方面。有一个说法，“关注点在哪里，能量就流向哪里。”

首先，这些评估非常简单，花的时间很少，你可以经常做——这样就可以把注意力总是带到行为上；另外，对某些行为的重复评估还会创造出小幅但很重要的心态改变。两者加在一起，即关注点和心态的改变促成了行为的改变。这是我们与其他一般六七十个问答评估的不同之处。

NASA人员在过去五年间，已经参与了近五万次4D评估，显著提升了整个机构的绩效。关于参与4D评估带来的系统化转变，请详见本书第五章“4D给NASA团队带来了什么”。

其次，4D评估的教育意义创造了团队的共同语言，可以用以讨论并改善团队的社会背景。技术型人员习惯于高效却干巴巴的沟通，技术界甚至有一套国际通用的词汇。例如，我到各地旅行，谈论一级导数、焓，或者膨胀系数，技术人员都完全理解，而在社交界却行不通。例如，“表达真诚感激”对你而言意味着什么？我猜对每个人意义各不相同。NASA团队报告中说，有共通的社交语言很有助益，可以进行以前不可能的交谈。

最后，团队和个人发展评估是以我们数据库中同一类人为基准的。很少有人愿意在重要的事情上达不到平均水准。例如，有多少人认为自己的开车技术还不如一般水平呢？这些评估数据会激发我们天性中的竞争成分。

4D团队发展评估

团队发展的第一步是使用4D团队发展评估，测评团队目前的行为模式。这就提供了追踪未来发展的起点。不过在这里要提醒你，如果你还不是团队的领导，请一定争得他的支持，否则领导会误解你的意图。你可以采用以下五点进行介绍（我会在后面详细讲解评估数据及案例）：

1. 因为只有八项行为测评，平均十五分钟即可完成一次评估。
2. 你可以看到以300支团队为基准的团队行为和绩效。
3. 有彩色图表显示有助于产生改进的行为。
4. 《4D卓越团队》提供如何改进每一项行为的综合指导。
5. 毫无疑问，每一个从事重要工作的人都想拿自己的团队与其他团队进行比较。

我们建议邀请十二至二十五个人参与团队评估。一般来说，这是一位主管（上级）掌管的部属人数。如果参与人数太少，就不易保证个人匿名。事实上，我们只制作参与者至少五人以上的评量结果报告。与之相反，邀请太多人又会使结果太过模糊不清，就像把很多颜色搅和在一起，结果变成了灰色。

八项被评估的行为

图4.1展示了八项行为，其中每个维度包括两项行为，供参评者在团队或者

个人评估中评量。我将这些行为依评估顺序标注了序号。关于此顺序评估的原因，我会在后面详述，4D模式首先从情感方面的评估开始，以下是每一项行为的具体说明：

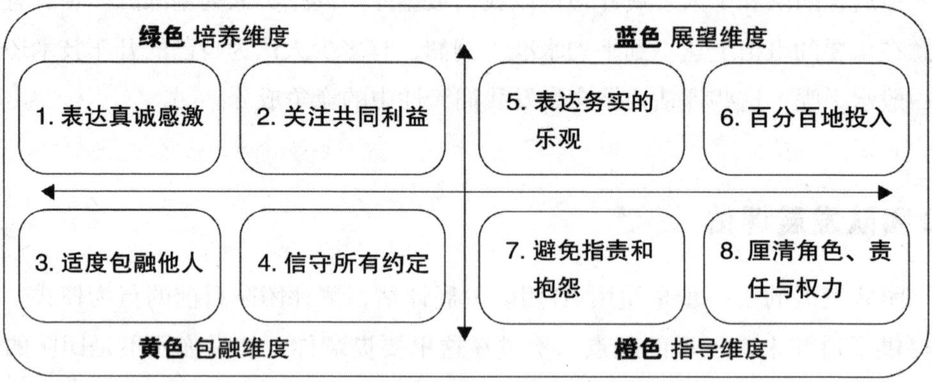

图4.1 4D评估中的八项行为

- 我们选择“1.表达真诚感激”和“3.适度包融他人”，是因为这两项是人类最基本的需求。我知道技术人员往往会错误地认为自己非常独立，而实际上，我们都需要与他人建立良好的关系，从而感受到被感激和包融。马斯洛在他著名的人类需求层级图中，将归属感置于生存和安全需求之上的层次。
- “2.关注共同利益”有助于减少组织间的冲突，而组织间的冲突是导致团队分裂的一个主要原因。在哈佛商学院参加高管项目培训时，我就开始研究共同利益问题了。我几乎尽一切可能，在工作坊中一而再、再而三地进行验证。我发现关注共同利益在多组织项目团队中尤为重要，比如政府、承包商或者转包商团队。
- “4.信守所有约定”可以维持信任，这是最简单其实也是最具挑战的一项行为。一旦团队遵守了这个习惯，凡事都会变得更简单。你是否愿意和“说到做到”且信守承诺的团队一起工作？
- “5.表达务实的乐观”为创造力提供了基础。多年来，我阅读了很多书，寻找激发创造力的方法，但始终找不到很有效的办法。于是我试着把接受不愉快的现实作为创造力的基础，逃避不愉快的现实是人的本性。但如果你能积极乐观地面对不愉快的现实，创造力会自然涌现。

- “6.百分之百地投入”有助于改变视角并揭示解决方案。这是八项行为中最神奇的一项，因为它可以改变我们最复杂也最不完美的程序——如何理解现实的方式和态度。
- “7.避免指责和抱怨”把你的能量导向有效的行动。你还会在本书后面读到四种“戏剧状态”——受害者、拯救者、理智者和指责者——与四个维度完全对应。这些戏剧行为让你的能量远离解决方案，并会摧毁生产能力。
- “8.厘清角色、责任与权力（简称RAA）”可以确定他人对你的期待。如果团队成员对RAA不够清晰，就会发生混乱。

《4D卓越团队》第十二章到第十八章将逐项详解这八种行为。注意：尽管我们有充分的理由选择这些行为，但四个维度同时进行，要比只专注某一特定行为更加重要。换句话说，全面发展八项行为足以创造高绩效。我并不是坚持非此不可，只要能够关注到四个维度的全面发展，其他类似的行为也可以接受。

用八项行为测评是否足够了？

很多公司在提供团队和个人的评估。据我所知，那些评估一般包括六七十个问题。衡量八种行为是否会比那些测评更精准？开始时，我们测评十二项行为，也就是每个维度三项行为。马尔科姆·格拉德韦尔（Malcolm Gladwell）的著作《决断两秒间》（*Blink*）说服我们把十二种行为减少到八种，以提高测评的精确度与简化程度。该书中讲到这样一个故事：

布赖登·瑞利（Brendan Reilly）就任库克县（Cook County）医院医药部门主任后，请那些精于数据分析的物理学家来改进诊断流程。经过分析发现，一种四变数法则（即心电图、心绞痛、肺积水和心脏收缩 <100）能够提供最精确的诊断。

而该院医生拒绝应用这种简单的四变数法则。他们还是会问更多的问题，例如，“你胸口痛有多久了”“你的胆固醇是多少”，等等。后来这位沮丧的主任决定让两种诊断方法比试一下。结果表明，简单的四变数法则比传统宽泛的问询诊断更精确。那些持抗拒态度的医生需要更多数据增强诊断的信心（这其实是一种情感需要），令人惊讶的是，这种提升信心的愿望却降低了决策的准确度，多余的信息反而有害无益。

这个故事让我们开始思考，是否应该减少测评的行为以提升准确度。最后我得出结论，将每个维度的三个问题整合为两个问题，可以提升测评的准确度，而且会节约参评者三分之一的评估时间。我们的评估只测评八项行为，外加两个开放式问题，平均只需要十五分钟即可完成。我不知道哪种评估能够如此有价值，并且只需要评估者花这么少的时间。

评估报告究竟什么样

现在我们看一个评估报告的样本，你可以在 www.4-Dsystems.com（或 www.4-Dsystems.cn）上看到彩色版样本。你会收到一个可用于幻灯投影的 PDF 格式的团队评估报告，我建议你用投影方式向你的团队展示评估结果。个人评估报告会以 PDF 格式的信件发送。被评估的个人阅读报告后，他们可以选择是否分享评估结果。

评估结果 1——谁会参与评估?

评估报告以一个饼状图展示参与作答的情况。我们将完成评估的参评者以及未完成人员的邮件列出来，这样，你可以一目了然地知道该评估报告包括了谁的观点。如果有谁退出评估，在同一页上会清楚列出他们不参加的原因（注：为确保匿名原则，参评者在五人以上时，我们才会提交报告）。

计算评估结果

通过对评估选项设定数值进行量化测评，我们把“从未达成”选项定为“0%”，把“完全达成”选项定为100%，“很少达成”是25%，而“经常达成”则是75%。每一次评量，我们会以所有参与者的评量选择计算出平均得分。以一个典型的团队评估为例，我们的评估均值通过用24位参评者人数，乘以每位参评者的8项行为，即大约192个行为测评取得。

评估结果2——以什么为基准?

举例而言，假设一个团队的均值为74%，这算一个好成绩吗？我们与基准比较之后再作答，也就是要和我们数据库中的其他团队分数进行比较。图4.2显示了300支团队第一次评估时的分数状况。五个等分的区域分别称为五分位，每个五分位包含约20%的受评团队。

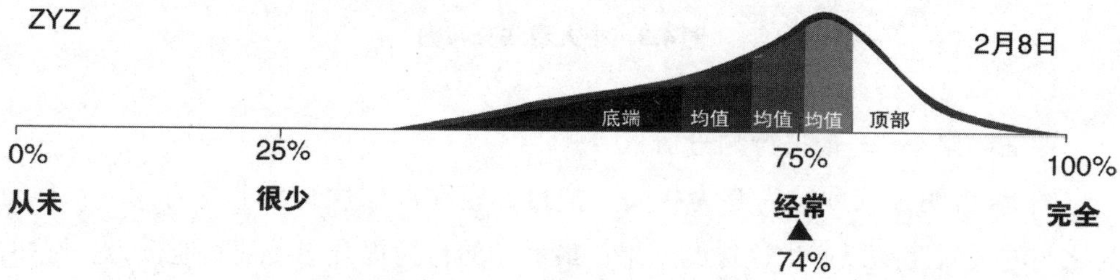

图4.2 团队发展评估基准曲线图

底部的百分比线标明了团队均值在五分位中的位置。你可以看到一个黑色三角形在74%的位置，表示该团队已接近平均五分位的最高点位置，而这一绩效是否令人满意，则取决于团队领导的标准。

有基准的流程可降低因评分选择居中所造成的误差影响。例如，这些选择如果是33%或66%，而不是25%和75%，评分就会有轻微差异。然而，基准曲线的相应变化，会使团队绩效在五分位中的排序所受影响可忽略不计。

这些数据库中的团队大多数是NASA项目团队，他们是否适合做其他团队的参照呢？我们认为没有问题。我们把数据按照机构、项目复杂程度以及团队属于政府还是企业部门来分析，我们没有看到统计上的显著差异，只有两项例外：一项是项目团队在早期阶段往往得到较高分数，而这些团队在项目实施的开始阶段，还没有遇到项目实施过程中明显的困难；另一项是提案团队往往得到较低的分数，原因是在不确定的背景下，他们通常要承受很大的压力。

评估结果3——个人看法分布图

如图4.3，下面的这个评估展示的是个人的不同看法分布情况。这个例子是一个典型的偏斜“正常”分布。因此，“均值”这一术语代表的是数字，而不是状态。

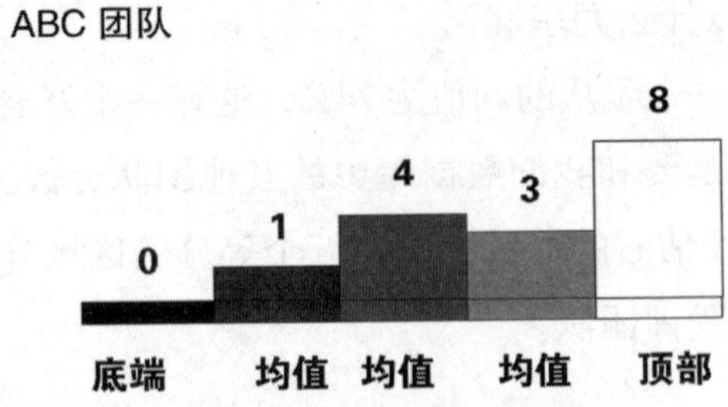

图4.3　个人看法分布图

评估结果4——相关行为分析

图4.4表明，八项行为互为相关，把目标定在高层次行为非常有用。八项行为之间的关联度足以产生这样的结果：最低端的行为提升会带动其他行为。例如，倾向于指责与抱怨的团队，很难表达感激或共享利益。如果此分析是你的团队状况，你们就应该共同努力，利用第十七章的内容，更好地避免指责和抱怨的行为。

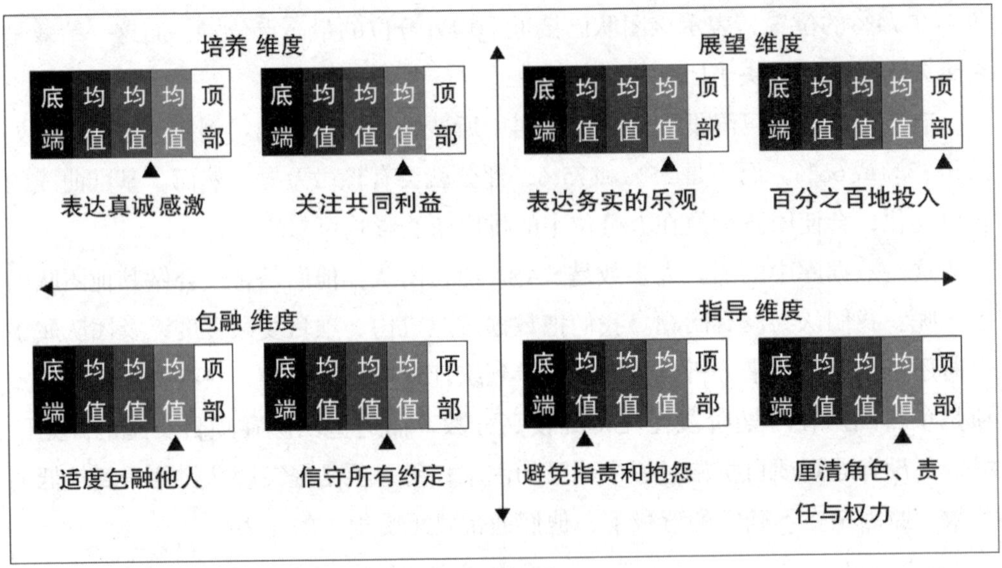

图4.4　相关行为

向团队说明情况

及时向团队说明评估结果很重要，演示时鼓励大家交谈。有问题出现时，做出行动计划，包括任务安排、责任到人、完成期限等，每一项行动计划都要涉及以上三个要素。你的评估报告中还包括关于如何向团队说明评估情况的建议。最重要的是，让全体团队成员同意在未来合适的时间再次评估。需要多年完成项目的团队，最好每四到六个月做一次评估；而四个月要完成项目提案的团队，则需要每三周重新评估。

团队会有什么进步

图4.5显示了一个致力于团队提升的领导所带领的典型项目团队的情况，第一次评估该团队落在垫底的部分，而最近的评估已经提升上来。左侧图中的每一小段代表个人对整个团队行为的看法。改变习惯行为，对我们每个人来说都不容易，而这个团队也用了两年时间才从底端五分位提升到顶端五分位，成为一支高绩效团队。很重要的一点，尽管项目在最后阶段面临的压力增加，但团队还在持续进步。

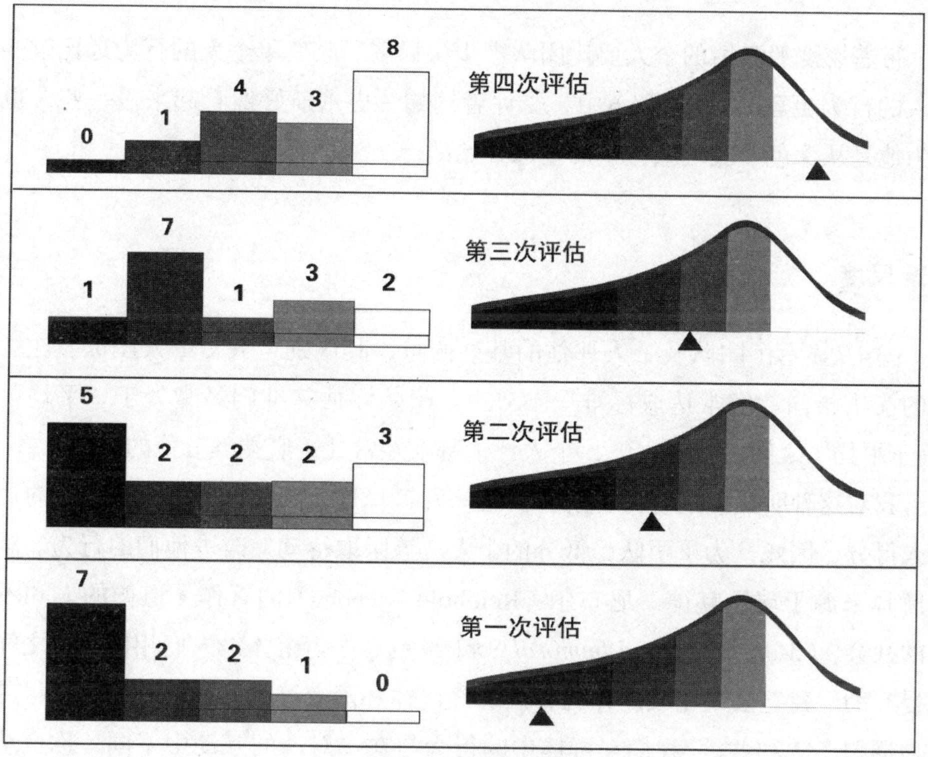

图4.5　代表性的团队进步

个人发展评估

把团队评估情况向所有成员说明之后，你要继续激励每一个团队成员进行个人的发展评估。这套评估与团队评估极为相似，只是需要问询个人的行为模式而不是团队的。这样，任何个人的提升会自动促进团队整体背景的改善。如果所有的团队成员都开始个人评估，一个团队大约二十人的话，每个人要为他人评估约10次之多。开始的时候，可能显得是负担。我们估计，一个人平均需要15分钟完成一次评估。同时我们也测算过，一个人能够在约两个小时之内完成10个评估。不断重复对成人学习有相当大的积极影响，不断参与评估可以强化基本行为的改变。

个人会有什么进步

带着燃烧般激情的个人要比团队进步快得多。改变单个人的行为远比改变一群人的行为更容易。在图4.6中，受评者约翰·史密斯好像看起来慢一些，也许因为他是从深色（底端颜色）的基准开始的。

基准尺度

图4.7显示了团队及个人评估的基准衡量，其区别之大，令人震惊。注意垂直的箭头指向“经常达成标准”（75%）。团队评估基准则经常处于“平均”和“高于平均”之间。相比之下，个人评估基准经常处于底端五分位的中间。

我对这种明显差别有两种解释。第一种解释是，团队行为得分往往偏向最差个人得分，因此，为了团队，低分的个人应该采取行动，改进他们的行为。第二种解释来源于瑞恩赫德·尼布尔（Reinhold Niebuhr）的著作《道德的人和不道德的社会》（*Moral Man and Immoral Society*）：“作为个体，人们相信彼此之间应互爱互助，建立公平正义。作为种族、经济体和国家等团体的一分子，会尽其所能地攫取个人利益。”我们在群体中的行为与在一对一的互动中不同。你在结婚纪念日里，愿意来一个二人世界的晚餐，还是愿意与二十个人一起度过呢?

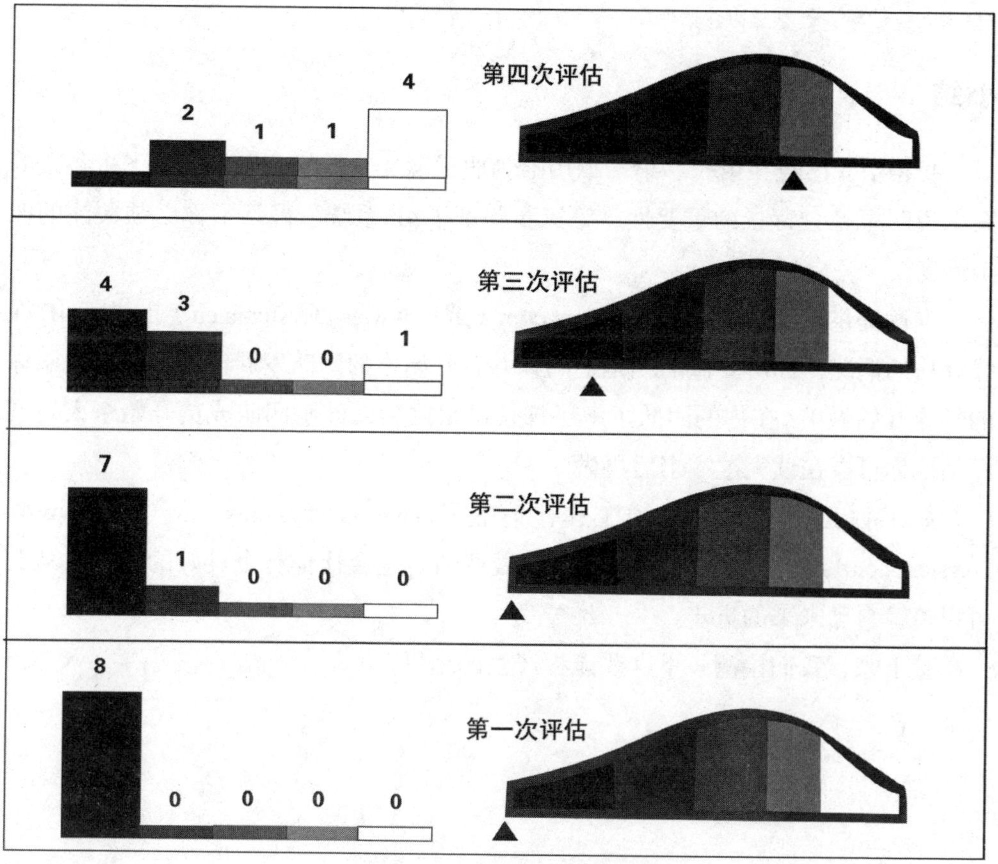

图4.6 代表性个人的进步

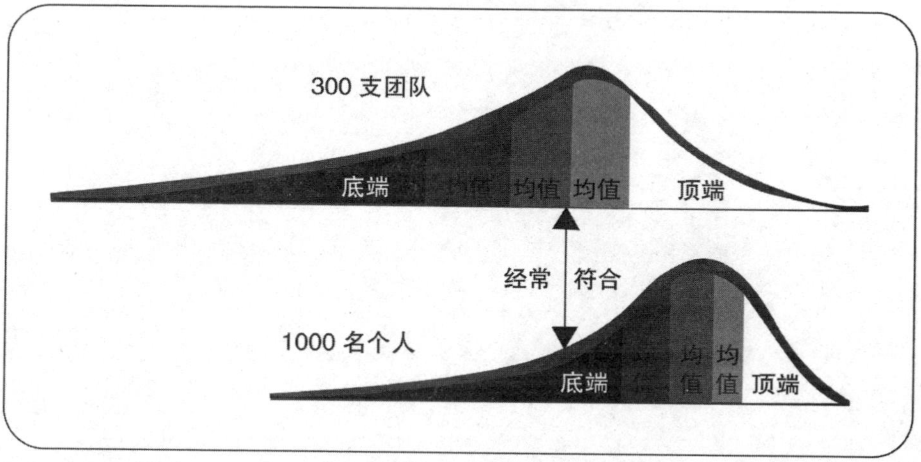

图4.7 团队与个人基准尺度的对比

小结

我相信我已经在第一、第二章用哈勃瑕疵镜片、其他太空事故及飞机坠毁等案例说明了社会背景的重要性。第三章验证了4D系统，确认了你必须关注的四个维度。

本章提供了到 www.4–Dsystems.com（或 www.4–Dsystems.cn）上进行4D在线评估的概况，你所要做的就是上网，并且开始你的团队发展评估（或者说服你的领导开始做）。在你的团队了解了评估结果之后，鼓励团队成员开始个人发展评估，你可以在读完这本书后再做。

如果你是个人在做这项工作，请登录www.4–Dsystems.com（或 www.4–Dsystems.cn），并立即开始你的个人发展评估。这会让你有个良好的开端，从此可以追踪自己未来的进步。

接下来，我们检测一下这些流程产生的结果。

第五章
4D给NASA团队带来了什么

那天的天气简直糟透了，如今称之为“那个沃洛普斯的雨天”（沃洛普斯飞行研究所是位于弗吉尼亚州东岸的一个小型NASA研究所）。我当时正和NASA项目工程领导力学院院长爱德·霍夫曼博士商谈。NASA在挑战者号空难后，成立了项目工程领导力学院，旨在防止未来的太空灾难。爱德请我做一个试验项目——看看我能否让NASA忙碌的项目经理们参与4D系统的评估。

NASA的项目经理们是否相信我开展的这项工作？当时，我的数据库还不够充分，而我离开NASA的工作已有八年之久。不过，我在NASA所取得的卓越成绩起到了作用，也许最重要的还是我在那里的名望——有能力、坚决果断且公平，人们大多喜欢我。

在爱德的支持下，我开始了工作。我与两个中心的领导见了面，他们都曾为我管理过很多项目。这两个中心分别是位于马里兰州格林贝特（Greenbelt）的戈达德太空飞行中心（Goddard Space Flight Center）和位于加利福尼亚帕萨迪纳（Pasadena）的喷气推进实验室（Jet Propulsion Laboratory）。我向领导们介绍了4D流程，并且解释这些流程如何提高项目团队绩效。我们坚持管理者不要强迫任何项目人员参加，而且，我们会把项目团队参与活动的情况向他们汇报，但评估结果他们只能直接从团队获取。我们首先从那些优先项目开始。结果，无论是NASA管理层还是项目团队的参与热情，都远远超过了我们最乐观的估计。后来爱德将4D试验项目推广到了整个机构。

我们邀请八位优秀的、已退休的NASA基地的经理人协助进行。我们称他们为中心项目经理。他们向团队领导做简报，告知我们的各项流程，并安排团队发展评估的时间。评估之后，他们还要负责向团队领导汇报结果，然后，这些团队领导再把评估结果传达给团队成员。

从2003年到2008年，NASA有超过五百支团队、两千名人员自愿参加了近五万次评估，其中包括NASA最重要的项目和工程团队。他们负责发射航天飞机、操作空间站、登月、执行火星任务、在太空操作太空望远镜等一系列重要的太空任务。

NASA使用4D的成果

图5.1总结了过去五年间我们在NASA团队建设中所取得的成果，每一段都表明了团队在某一五分位开始时的得分。灰色的菱形方块表示团队在开始所在五分位的平均起始分。注意，这些菱形方块不总是在五分位的中心部分，因为不是所有团队都再度进行评估，有些团队不能做是因为特殊的原因，比如被遣散或重组了。

最重要的成效见于底部五分位团队的改进。我已经在前言中介绍过，这些团队一般在运作中的效率极低，总是延时或者超出预算，这些都是任务失败的温床。请注意图5.1左下方，有一处跨越很明显，我觉得这主要归因于阻碍绩效的“七宗罪”，我们会在第十八章中详细阐述这个话题。这些数据显示，团队在不断进步，并且正朝着减少或消除类似挑战者号、哈勃或者哥伦比亚号空难事故的方向发展，所有团队绩效都在提升中。

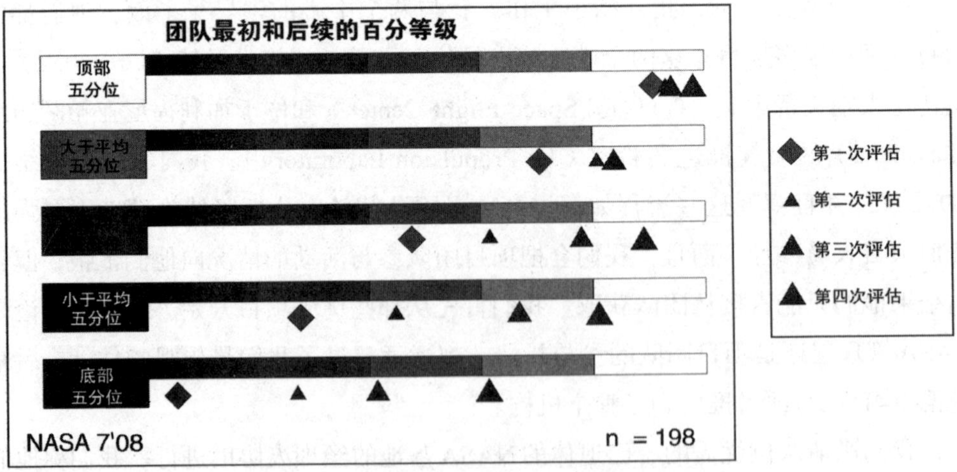

图5.1　198支NASA团队的起始五分位得分

顶部的五分位进步较少，他们的成长空间也确实不大。不过，我发现处于顶部五分位的团队在工作坊中却收获最大。他们已经在四个维度上都采取了行动，所以能够清晰地了解该系统，并且熟练运用系统思维的力量。所有的NASA团队都使用了量身订制的复合体系——团队评估、工作坊、工作坊前的个人评估，还有工作坊后教练（我们为903名NASA团队成员完成了同样的分析，数据结果相似。只有一点例外，就是灰色方块部分出现了较大的跨度。很显然，工作坊对个人评估分的影响比对团队评估分的影响大）。

第一次团队评估后的整体改变

一个组织或者公司是否能够整体提升绩效呢？我的意思是，对于那些未曾直接参加过4D流程的团队，其周围环境的改善对他们绩效的提升也会有间接影响。我在早期的一个飞行项目中看到了这种现象，那是日地关系观测台（STEREO）项目，我们会在本章后面讨论。不过，我对这样的说法还没有十足的信心，因为里面有各种复杂的变数，比如中间换了项目经理等。

我们最近在团队评估数据中注意到一个有趣的现象，2008年第一次评估得分在顶部五分位的团队百分比明显高于2003年。

这些年来，随着我们的研究深入NASA的所有团队，图5.2中揭示出一个出人意料的结果：团队初次评估的成绩逐年提高。

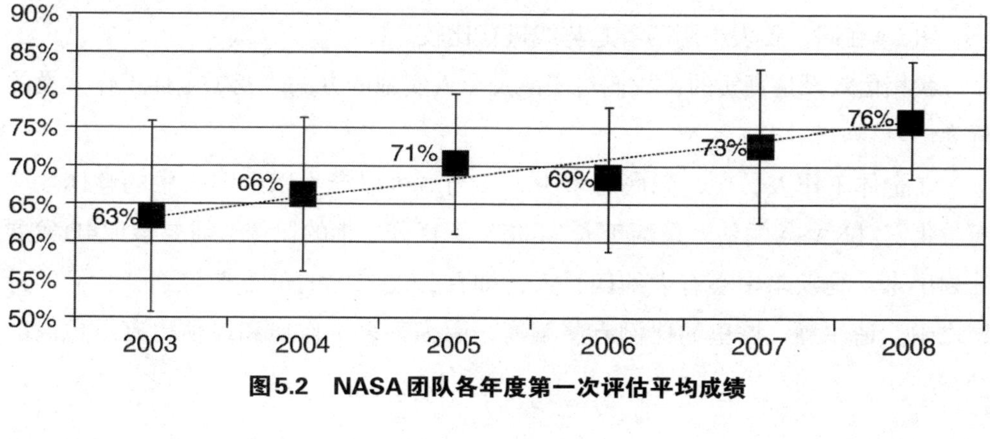

图5.2　NASA团队各年度第一次评估平均成绩

尽管这种趋势非常明显，得到高于99.9%的确认，我仍然需要更多证据说明是我们的工作而不是其他因素产生了这一结果。还有一些传闻足以对此构成支持：在马歇尔航天飞行中心的一次工作坊中，一位工程师表示："在离开十八个月后，我重返这里工作，发现现在的工作环境比以前改善多了。我终于明白为什么了，这是在我不在期间，工程指挥部开始运用4D系统工作的结果。"

为了进一步确认，我使用另外一种方法来检测是否整个环境都发生了变化。我们在马歇尔中心花在单个员工身上的时间，是NASA其他团队成员平均时间的两倍。我们为马歇尔中心的成效单独绘制了图5.3。如果马歇尔中心的提升比率与NASA其他团队相同，那代表别的因素一定起了作用。然而数据表明，马歇尔中心第一次评估分数是NASA其他团队的两倍。

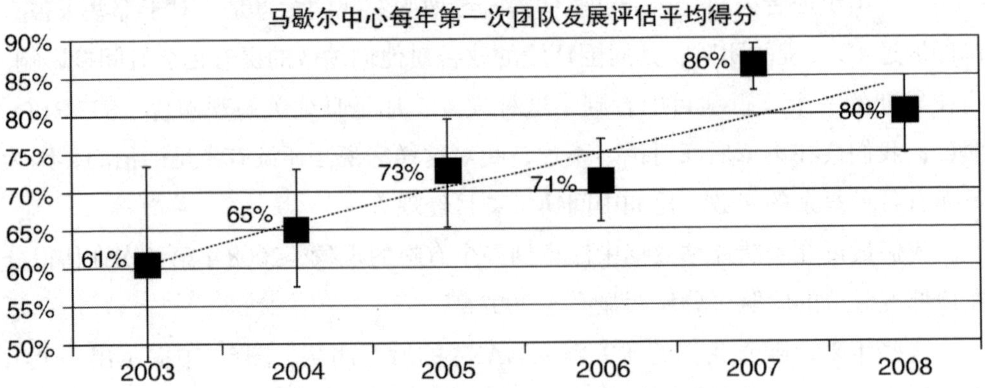

图5.3　马歇尔中心各年度第一次评估平均得分

图5.4在同一图表中用两条趋势线进行比较。

我相信效果是真实的，我们对团队及个人实施的方法改变了全体工作人员的行为。

在全体工作人员中，到底有多少人参与就可以产生以上图表中的整体效应呢？我们对NASA的估计是两千人，（相当于百分之十的比例）需要参加4D发展计划中来；马歇尔中心有大约四百人，即百分之二十的员工参与到了我们的计划之中。请注意，这里的比例有些偏高，因为很多工作坊和评估也有承包商的参与。

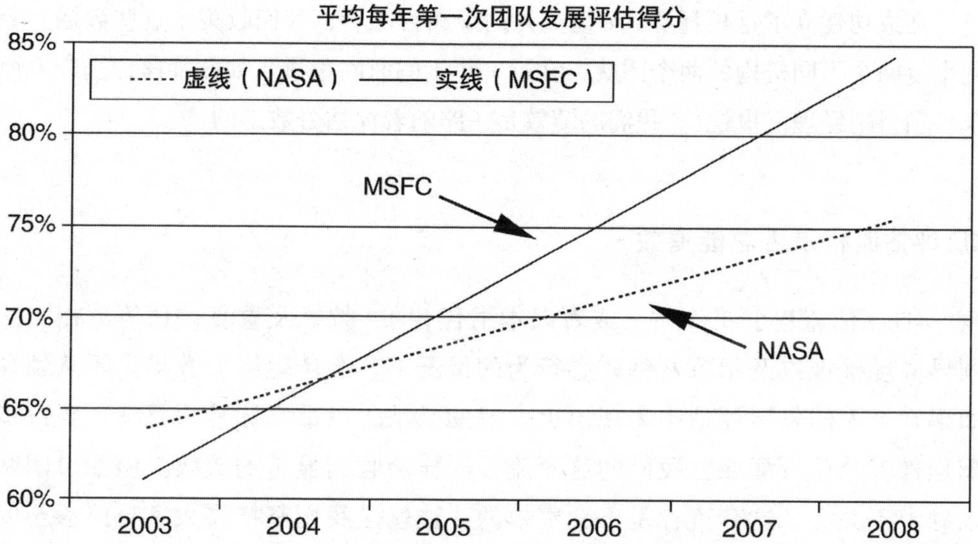

图5.4　马歇尔中心与所有NASA团队比较

绩效随着评估分数走

我们的测评工具测评的是行为，你认为我们的评估分数与绩效有什么关联吗？这取决于你是否相信团队绩效与团队成员的行为模式相关。我本人以及应用这些评估流程的人都相信，绩效与行为相关。

如果团队和个人在行为上保持相互尊重、适度包融、百分百地投入以及有效组织，绩效一定会突出（我在这里引用了我们在4D评估中衡量的四种行为）。而且，还有确凿的实例证明，团队领导们一致表示，随着评估分数的提高，团队绩效也在提升。

如图5.5所示，NASA日地关系观测台项目和它的承包商在三年间，从底部五分位团队提升到了顶部五分位。上方三角形跟踪的是政府团队，下方三角形跟踪的是承包商团队。

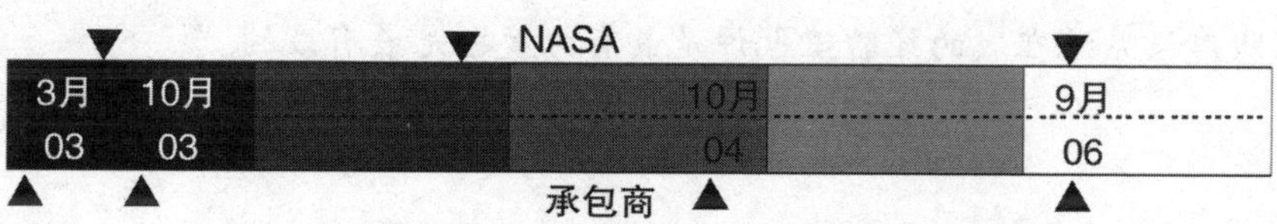

图5.5　日地关系观测台项目中的NASA和承包商

在成功建立了这项耗资约6亿美元的观测台之后，我们收集了这些数据。看到来自两个不同机构的两个团队，在近三年半的时间里进步如此神速，真令人惊叹。项目副经理汇报说："我们的绩效是一路随着评估分数走的。"

4D评估流程是否总能奏效

4D评估流程、工作坊（或者以本书代替）、教练及重复评估等，在团队领导高度重视以及示范八种核心行为的情况下，会产生巨大效果。团队领导如果在个人的发展评估中表现出火一般的激情，以最高标准为目标，要进步到顶部五分位，那么，我们的这套流程同样会收到显著的成效。但如果团队领导漠不关心，这套流程是不会奏效的。这就是我们坚持要大家自愿参与的原因。不过，假如我有权力，我会要求所有项目使用4D流程。我也会在每次设计核查中，加入每支团队的社会背景情况以及他们在技术和计划进展方面的状态。

以下是几个成功案例分享：

2008年年中，NASA遇到了预算缺口。我们在NASA的支持者——NASA总工程师发出邮件，征集关于4D流程的使用意见。几天之内，他收到了六十多封邮件。他转发了一些邮件给我，下面是其中的一封：

"4D系统的价值不仅仅在于提升了团队士气和对工作的满意度……如果没有4D团队及个人教练流程，GSP根本无法完成这么严峻的任务，取得具有里程碑意义的进展……更不用说避免了数千万美元的损失。"

——罗宾·费斯特（Robin Pfister），卫星地面项目副经理

"我为NASA和联邦政府服务已经超过25年了……我觉得4D领导力和团队建设系统在我的经验里也许是最有力度也是最有效的。"

——罗恩·博瑞德，戈达德太空飞行中心人力资源管理总监

"鉴于我以前在这类事情上的经验，我一直在谨慎地考虑这会有多大效果。现在我必须承认这段时间花得值。我对其整个系统及其成效印象深刻。”

——瑞克·格莱弥尔，NASA喷气推进实验室JUNO项目经理

小结

本章总结了200支NASA团队在行为模式上的量化提升；另外，通过检视第一次评估分数，显示了单位内部的整体提升，最后谈的是4D工作量与整体绩效提升程度的关系。

如果因为某种原因，这些证明还是无法说服你，你就自己试试4D系统吧。买几本《4D卓越团队》，至少每隔一段时间做一次团队发展评估，你自己决定吧。总之，没什么可损失的。

第三部分

诊断团队的颜色

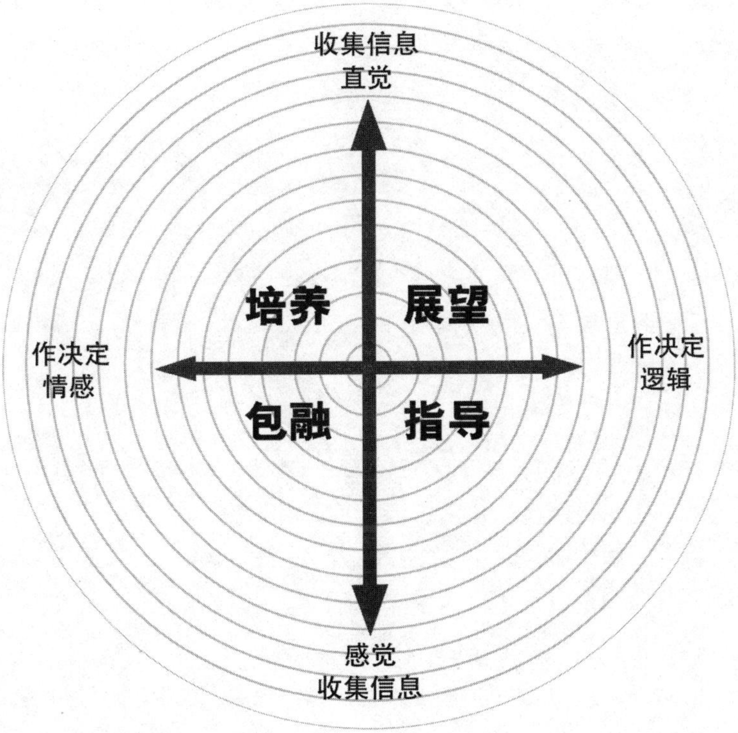

第六章
发现你的性格

一只蝎子要过河，但蝎子不会游泳。正当它要放弃的时候，一只青蛙游过来。蝎子喊道："青蛙先生，把我捎过河吧。"青蛙回答："我才不捎呢。你要蜇我的话，我们两个都得淹死。"蝎子说："我怎么会蜇你呢？我不会那么愚蠢的。"青蛙先生说："那好吧，跳上来。"于是他们出发了。游到河中央，青蛙感到背上像被针刺了一样，它说："天哪，你会把我们俩都害死的。你为什么要蜇我？"蝎子回答说："因为蝎子就是蝎子。"我们现在明白了，人们按天性做事，即使这事对他们没有什么好处。

天性胜过理性！

卡尔·荣格的性格理论

卡尔·荣格指出，在做决定和收集信息方面的倾向是天生的。天性是与生俱来的，也就是说，我们每个人天生就会用情感或者逻辑做决定，另外，我们是在天性偏好的基础上形成了性格。

图6.1是4D系统对此的解释说明。该图表显示，天生的逻辑型决策者，如果喜欢用直觉收集信息，便是蓝色展望型领导者的性格基础（这正好也是我的性格基础）。

如果你已经对决策与信息偏好有了大概的了解，你就可以用两个小测试看看你自己的天性偏好。

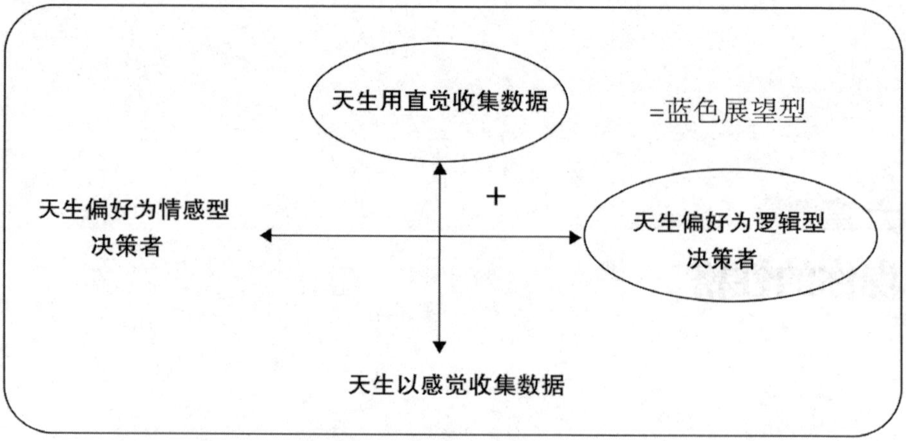

图6.1 4D性格基础测评工具

你要将你的偏好搭配起来，在你的天生性格基础上找到你的维度。你的性格基础也许是绿色培养型、黄色包融型、蓝色展望型、橙色指导型。以下我们举例说明。

用手习惯，天性使然

在一张纸上写下你的名字，然后用另外一只手握笔再写一遍。你肯定也能写下来，只不过更慢更困难。用手习惯也是天生的吗？很多人是这样认为的。事实上，科研人员还发现，习惯用哪只手也是基因遗传的，这为天性基础提供了有力的佐证。注意，尽管我们经常同时使用双手完成很多工作，但是，绝大多数人有特定的用手习惯，不是左手就是右手。

天性与之类似，但我目前尚未发现性格是否遗传。看看4D中的坐标轴，我们在用逻辑和情感做决定时，就像我们是愿意用左手还是右手写字一样。

这个类比是否不适合那些双手共用的人？

事实上，即使是双手共用的人还是有偏好的。而且，双手都灵巧的人往往开始是习惯用左手的人，只是后来要么是自己选择使用右手，要么是被迫使用了右手。有趣的是，人的性格也有类似的情况，我的同事斯奇普·博斯特的故事可以说明这一点。

斯奇普找到了自己的天性

在早期举办的一次工作坊中，我的同事斯奇普·博斯特在课间休息时找到我，目光炯炯冲着我大喊道："我找到了，找到了。"他随后告诉我："从我第一次学习时，就想知道我的性格基础是什么，所以我才做了迈尔斯—布里格斯性格测试，结果发现自己是4D系统中的蓝色展望型领导性格。可我感觉不对劲（注意他用了'感觉'这个词），我又做了一次迈尔斯—布里格斯性格延伸测试，深入一些，结果还是一样。"

斯奇普接着说："现在，我终于理解了，我天生是绿色培养型，可是在我的生命里，所有的力量都把我推向与之相对的橙色指导型。我父亲是个极典型日耳曼血统的德裔人。我在海军学院读书，然后到核潜艇上工作，最终又在建设核反应堆。为了生存，我调整为蓝色展望型。现在我终于明白了自己到底是谁，也理解了在通用电气工作时为什么那么难以适应。"图6.2说明了斯奇普的自我发现。

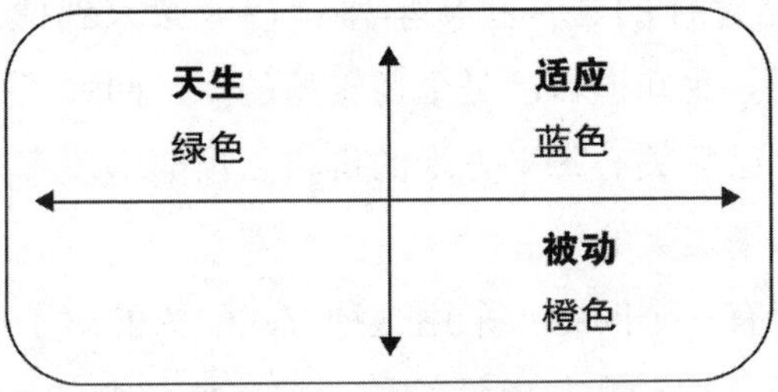

图6.2 斯奇普模式

我说："斯奇普，我觉得你找对方向了。看看你第一次回答的问题——假设你可以自由地去做你想做的事，你会做什么——你的回答是做个资深教练，这完全是绿色培养型的典型特征呀！"

两种决策方式

大约一半的人天生用逻辑做决定（例如规则、理性、客观事实等）；而另一半的人则用情感做决定（例如是否感觉良好）。了解一个人是情感型还是逻辑型决策者非常有帮助，你可以据此为他们提供采取行动的信息。例如，逻辑型领导者在处理复杂困难的人事问题时会果断行动，不掺杂任何感情；与之相反，情感型领导者在处理人事问题时需要很多的鼓励和依据。我因此学会了慢慢地、谨慎地让情感型领导去处理困难的人事问题。

这两种类型的人言辞也是不同的。我曾任科罗拉多大学商学院主任拉里·辛格尔的战略顾问，他的会议开场白往往是："我想要一个大家都能满意的结果。"逻辑型领导很少有这样讲话的。

观察一下人们在会议中对于冲突是如何反应的。情感型领导往往关注眼前发生的冲突，只有当紧张缓解之后，他们才开始注意到问题，如果冲突还在时则会经常误导他们；逻辑型领导往往关注问题本身，忽视紧张气氛，他们往往难以处理悬而未决或者莫名其妙的情绪问题。

我用情感决策买房

决策过程究竟是怎样的呢？我从华盛顿特区搬家到博尔德（Boulder）时，决定在那里买套房子。我知道自己是个逻辑型的人，回顾了一下以前自己是怎么购房的，最终发现自己只关心每平方米的价格、预期增值率、能否支付、采光好不好、附近小学的水平之类的事。

完全靠逻辑决策有一个问题：采用这种方式购买的房子自己都不喜欢。我决定下一次用情感决策买房。我打电话给科罗拉多博尔德的一个房屋经纪人："我下周三去博尔德，请在周四带我去看房。我要买下第一栋让我感觉不错的房子，而且我打算当晚回华盛顿吃晚餐。"她听了非常高兴。

当我走进第四栋房子时，我听到内心一个微弱的声音说："这房子感觉真好，买下它吧。"我当时甚至还不知道这间房是否有浴室。我庆祝自己变成了情感型决策者，可是又想："不能这么快决定。"仔细一琢磨，我意识到自己又回到一贯的逻辑型分析上去了。随后我又关注到自己的感受，对自己说："我觉得应该买。"实际上，我并没有改变自己的决策方式，只是让情感介入到我的逻辑思考中。

最后我买下了那栋房子，而且非常喜欢。我的"情感决策者"朋友们来到我家时，经常会赞叹："这个房子感觉真棒。"不管怎样，我这次的情感决策是对的。

这个故事侧面说明了，我正从一个单维度的“蓝色”领导转变为四维的“蓝色”展望型领导。作为领导，不善于使用情感决策是不会成功的。我在第十一章会谈到情绪管理。

探索你的性格偏好

以下测试可以帮你找到与生俱来的性格基础。这个测试有一点难度，即你要先想象一个背景，然后才能回答问题。我建议你在回答问题时尽可能保持自然状态，有的人可能选择家中的背景，有的人会选择工作的状态。

荣格说过，人们生命早期的任务是在天性基础上建立自己的性格，到了后期则通过发展其他三个维度（“维度”当然不是荣格的用词，而是我的术语）完成其性格的形成过程。因此，如果你处在中年时期，你也许在重点发展一个或几个并非天生的维度，而这些变化有可能导致你在认知方面有所偏重。如果你怀疑自己就是这种情况，那就用你年轻时的背景来回答问题，比如25岁左右，那个时候你的天性特征可能更明显。

在表6.1中，在你认为比较真实的项目旁打钩，以判断你的天生决策偏好。然后，把打钩的项目相加，看每一边都有几项，在项目多的偏好上画圈。答案不存在对与错，每一项都有其充分理由。

表6.1　天生决策偏好测试

情感型决策者	画钩		逻辑型决策者
和谐很重要?			和谐是达到目的的手段?
因为“感觉对”而采取行动?			因为“合乎逻辑”而采取行动?
优先考虑人?			优先考虑事?
喜欢和谐的关系?			喜欢做对的事?
达成共识再决定?			根据自己的想法来决定?
首先相信自己的感觉?			首先相信自己的理智?
无法忍受冲突?			有冲突也可以忍受?
综合一情感型决策者			**综合一逻辑型决策者**

你偏好怎样利用信息

想象感觉者（sensor）和直觉者（intuitor）同时看到了一起车祸。警察过来问感觉者看到了什么？他们会这样回答："哎呀，我看到了一辆绿色的1998年雪佛兰以每小时60千米的速度开过来，司机好像一直在向左看……"感觉者继续非常详细地描述场景，警察听了很满意。当他转向直觉者，却听到这样的回答："是的，我看到了那起车祸，我跟你说，如果这些停止的信号同时亮起的话，这样的事故就不会发生了。"直觉者会跳过细节直击重点。

这与我们刚才谈到的天生决策偏好测试非常相似，用笔在表6.2中画钩，然后加起来看看你属于哪种类型。

表6.2　天生信息偏好测试

情感型决策者	画钩		逻辑型决策者
依靠我的内在觉知？			依靠我的观察？
更多思考的是"可能是什么"？			更多思考的是"是什么"？
倾向创造？			倾向常识？
依靠灵感采取行动？			依靠谨慎分析采取行动？
喜欢在概念上花时间？			喜欢在事实和数据上花时间？
喜欢全局观点？			喜欢细节？
喜欢远大构想？			喜欢既定事实？
综合—直觉获取信息			**综合—感觉获取信息**

你是什么颜色？

现在，利用你的决策和信息偏好找到你的性格基础。

以图6.3的右上角为例，如果在测试中你的天生偏好为逻辑决策和直觉获取信息，那么你的性格基础为蓝色展望型。其他三种性格基础也可通过同样过程测知。

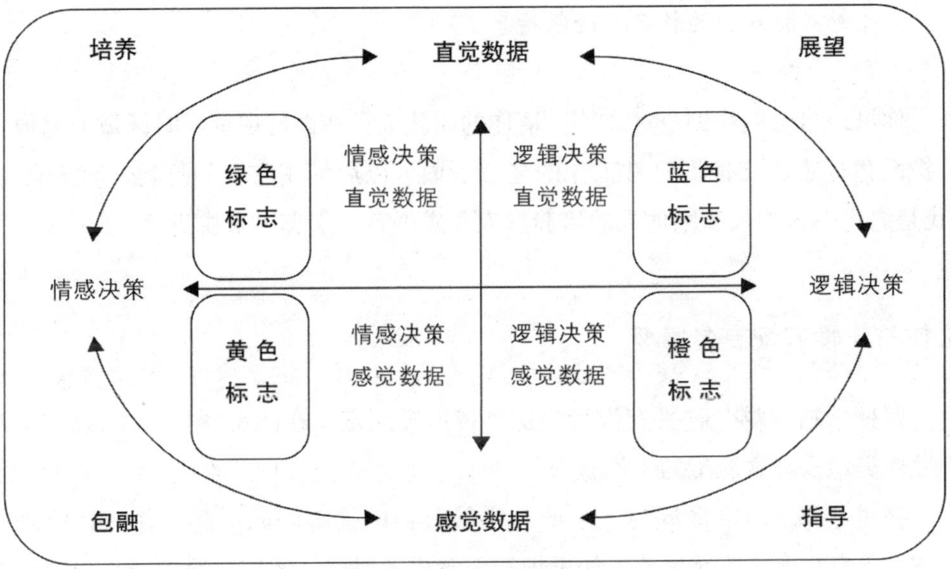

图6.3　了解你的天性基础

我相信这两项测试的准确率在百分之九十以上。我是如何得出这个结论呢？因为我已经给超过两千个工作坊学员使用过这些测试，他们会佩戴颜色标牌以示结果。如果他们自己搞错了，他们的伙伴立刻会指出。还有，我倾听他们谈话，可以从中检查他们佩戴的颜色标牌是否正确。

然而，如果你的两项测试分数很接近的话，还有另外几种方法可以用于找出你的性格基础：

1. 给你的朋友、同事或者配偶讲讲这部分内容，然后看看他们认为你的天性是什么。
2. 问一下自己："如果钱不是问题，那我会做什么？"你的职业选择会给你一些洞见（在这里回顾一下斯奇普的故事）。
3. 看一看对你最困难的事或最具挑战的事是什么。一般而言，这会帮你诊断出天性擅长的部分。
   a. 组织方面的挑战→绿色培养型
   b. 无法忍受矛盾冲突→黄色包融型
   c. 人际关系的挑战→蓝色展望型

d.总是把人视为物品→橙色指导型

你可以自己制作四色标志牌，请你的团队成员在做这项练习时佩戴上。很多人把颜色标志放在他们日常工作的名牌下面，以后便用它互相打趣，有人会说：“我是绿色——擅长激励他人的培养型人才发展者，别忘了来找我。”

工作与天性匹配有多重要

四种性格中哪一种具有优势？这要视情况而定。在图6.4中，我们总结了四种性格类型及与之匹配的工作状况。

我早年做NASA顾问时，主要与宇航公司的提案团队一起工作，我曾经是NASA掌管几十亿美元预算（如果把航天飞机发射这样的支持服务项目也包括在内的话）的主任，这一背景非常有助于我为承包商投标大型NASA项目提供建议。

有这样一个案例，一位客户找我协助一项大型的核空间推进系统的提案工作。我与项目团队见了面，并开始绘制这支团队成员的性格图表。在这个过程中，我们发现，项目主管汤姆明显是个天性“非常”蓝的展望型决策者，是个有创造力和发明才能的人。我之所以加上“非常”两字，是因为汤姆在创造力方面很有天赋，办公室里摆着一大堆专利权的证书和奖章。

这原本没什么问题，但NASA将此项目列为紧急级别，他们担心在即将进行的总统选举中，情况会有所变化。因此，他们得快速进入发展阶段，因此需要一个橙色指导型领导，快速有条不紊地推动项目，并且能保障结果。

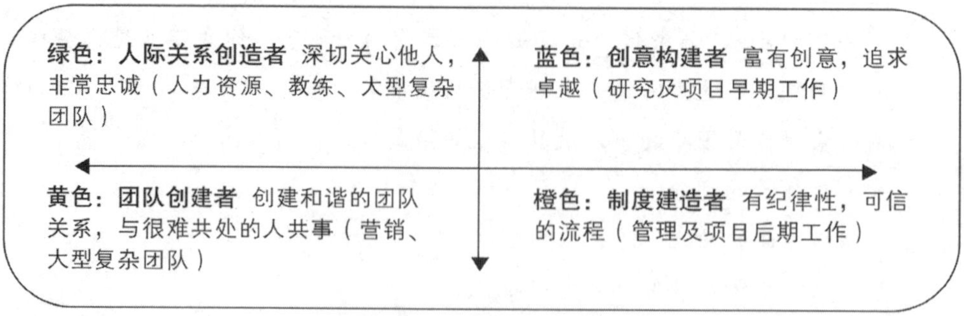

图6.4　每种性格基础的擅长之处

我们接着又分析了NASA方面掌管此项目的领导类型，他是一位橙色指导型领导。提案团队立刻明白了，为什么他们的领导汤姆与NASA领导之间的关系如此紧张。

我告诉汤姆：“对不起，你不适合带领这个提案团队。如果你们想赢得这项目，需要一个经验丰富的橙色领导。”提案团队立即达成共识。我们接着利用4D系统找到橙色可以取代汤姆的候选者，很快人选确定，职位交接顺利完成。

当我随着汤姆来到他的办公室时，想了解一下他对于我的做法持何种想法，我担心他可能会生气。汤姆把门关好，转身说：“查理，我真不知如何感谢你，我差一点儿毁了这个项目，你的分析让我心服口服。”最终承包商任命了那位推荐的橙色领导，赢得了此次竞标。我相信，如果他们继续任用汤姆，无论他们在其他方面怎么努力，都会无济于事。天性与工作任务的匹配就是这么重要！

谁在与你共事?

我建议你带领你的团队或同事一起阅读本章，同时可以应用一下 www.4-Dsystems.com（或 www.4-Dsystems.cn）中相应的幻灯片。然后可以共同做一下图6.5，看看团队成员都属于什么类型。整个过程只需要几个小时的时间，视讨论时间长短而定。

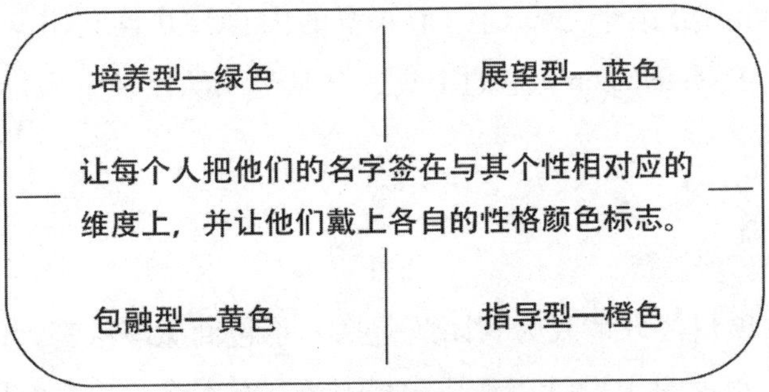

图6.5　谁在与你共享

知道在队伍中都是些什么样的人，就容易做到使他们的个性与工作任务及客户相匹配。

探讨一下为什么有些团队会偏离平均模式（逻辑、情感型决策者各占一半，七成根据感觉资讯，三成靠直觉资讯），是很有意思的事。有两种经常出现的模式：技术团队成员往往属于逻辑决策者；从零开始的团队，往往会有很大一部分人与团队领导的性格类型相同。我们往往喜欢和自己相像的人共处，如果这位领导的性格和工作任务匹配，一般没有问题，可是一旦不匹配，就会有问题，而如果领导天性与工作任务呈对角线状态，那将是致命的危险。

想象要建造一栋房子，或者给原有的房子添建一个房间，在设计阶段，你会需要一个自由的“蓝色”创新型建筑师。当然，你还要有一个“橙色”经理或承建者核查设计方案，确定其确实可行并且能做到高效施工。一旦设计完成，你就要把工作交给你的橙色经理，进入施工阶段。

同样，在项目早期，领导的标志颜色大多为蓝色。这些创意者在进行行业研究的同时，能够突破固有思维模式，在更大范围内寻求各种可能。到了项目实施阶段，团队中的多数人员必须转成橙色型。

“绿色”和“黄色”成员对技术团队有什么贡献呢？他们的价值观和人际能力帮助大家一起工作，他们会提供非常重要的多样化想法。另外，有很多卓越的项目领导是绿色型或者黄色型，原因在于，你在团队中职位越高，你的人际能力越重要。你可以将你的“橙色”工作授权给下一级别。但是，你却不能把“培养”或“包融”工作交代给他人，你必须学会自己做。

无论你的天性本色是哪种，你都需要做到4D全能。如何才能做到4D全能呢？ 特别是好好研究第十二章到第十八章的内容，并且利用 www.4-Dsystems.com（或www.4-Dsystems.cn）里的工具，尤其是团队以及个人行为评估工具。

无法完成的项目

一位NASA项目经理请我为其团队包括其承包商做一次三天的工作坊。项目处在实施阶段，也就是说设计工作应该已基本“完成”。现在的困难在于，既要按时还要在预算成本内完成硬件及软件建设。项目经理这样讲述目前的两难处境：“他们好像什么都完成不了。同样的问题不断重新提出，不断需要解决，没完没了。”

我开始带领这个工作坊。我感到了一种异乎寻常的疲惫，而且无法按照计划的步骤进展下去。第二天晚上，我浑身疲倦早早睡去。我在凌晨五点突然醒来，灵光乍现，我切实感受到项目经理所经历的相同问题！

我看了一下先前的个人性格分析，立刻明白了问题所在。这些人天性不适于该项目这一阶段的工作。压力之下，我们更容易表现出自己的本来面目。该团队成员大多数是蓝色展望型，在项目压力下，他们都成了单一的“蓝色”。在“橙色”阶段，单一蓝色型是无法取得成效的。

根本的问题在于，合同签的是“封顶式”的，而实际上却变成了“无顶式”的。“无顶式”的意思是，在项目实施中，任何的技术改变，都需要NASA技术经理批准才能拿到经费，而“封顶式”意味着NASA总部设定一个顶线标准——项目的总成本。NASA对这种两难的处理是，把承包商的利润作为预算准备金，一点一点用来解决问题。而与赢利项目比较，无利可图的项目往往得不到足够的管理方支持，而且也不受重视。

这个项目取得成功需要两个步骤：

1. NASA在工程变更方面施加压力，有些只是品位的事，并不是技术需要。
2. NASA的支持应该放在把项目做好方面，不多花一分钱。

在NASA有一种习惯，就是动不动就提到取消项目，以降低管理项目成本。我觉得这对绩效起不到积极作用。我可以非常自豪地说，在NASA就任十年的天体物理学主任期间，我从未取消过任何项目。同时，我还支持许多项目在严重超支的状态下完成任务，这其中就包括后来使约翰·马瑟（John Mather）赢得诺贝尔奖的项目。另外，数据并不支持、威胁的话语或者刻板的规定，以及资金不足或时间不充分等社会背景问题，都会导致项目失败。

成为4D全能领导者

我的同事斯奇普·博斯特曾经表达他对四维全面发展的精辟见解：“如果人们忽视了某些维度，压力之下，他们就会用非常有害的情绪，和很病态的故事情节来填补这些维度。”不仅在重要的沟通中要关注所有四个维度，而且这种关注还要注意其顺序：培养、包融、展望，然后是指导。

我们很多人有拧上冻螺栓的经验。只用指导维度就像用一个大扳子使劲拧螺栓一样，如果你能够加点 WD–40润滑油就会好很多。我们的背景管理流程始于用感激作为润滑剂，然后跟着的是包融，就是这么简单，真诚感激永远不会错的。

总统发言稿撰写人凭直觉就知道这一点，你不妨用4D系统研究一下某一次重要演讲。许多政治家会花一半的时间表达感激和包融，以此博得观众的好感。即使他们因为对某个人或某个组织不满而无法表达感激，他们也会表达对环境的感激："我非常感激我们一起面对的这一困难处境……"

我曾经分析过克林顿的一篇国情咨文，很多人称赞此次讲话是他诸多演讲中最棒的一次。他从感激刚刚因病去世的桑尼·波诺（Sonny Bono）开始，然后感激其他国会议员。他对共和党的国会实在是太气愤了，无法真诚感激他们，所以转而感激他们一同面对的这些困难，并且主动提出，愿意与他们一起努力解决。他还特意谈到了在场的退伍老兵、伤残人士和少数民族。在前28分钟的讲话里，他游走于情感的两个维度，继而转向对一个更加美好的美国的展望。最后，他通过对社会安全问题表明立场，开始进入指导维度。

几年前，布什总统曾经在北卡罗来纳州的基蒂霍克（Kitty Hawk）做了一次演讲，为一个新的太空政策做宣传。他大讲特讲了25分钟的感激与包融，却言之无物。我致电给当时在场的一些人，问他们对此次演讲有什么看法，每个人都告诉我说他们很喜欢。感激和包融如此让人愉悦，以至于没有人感觉缺乏实质性内容有什么关系。

难道这些演讲撰稿人都偷偷参加了4D工作坊不成？当然不是，他们很可能经过多年的反复尝试，最终具备了这种直觉能力。借助于一个简单组织系统的引导，你也能做得很好。

我们现在重新回过头来，研究一下甘地，这位绿色领导人的4D行为。

绿色培养型人格的 AMBR

关注点（Attention）：自然地关注人们的需要以及共同的价值观；

心态（Mindset）：服务他人、家庭、宗教以及信念；

行为（Behavior）：支持他人获得快乐与成功；

成果（Result）：在不损害他人的情况下取得成功。

当然，他们的挑战在于橙色的纪律性和组织性。

为科罗拉多州心理健康委员会开办工作坊后，我对绿色培养型的团队有了极为深刻的了解。这个团体包含了患有精神疾病的人以及关爱他们的人。当我讲解性格部分的时候，一位女士举手说："你想要哪种性格，我有好几个。"他们非常幽默风趣。

你能猜出他们在4D中属于哪种性格特点吗？没错，他们绝对属于绿色培养维度。只有他们的三个律师是明显的例外——属于橙色指导维度。

他们请我们来是因为他们无法组织起来。当然，这是因为指导维度是他们几乎所有人性格基础的对角线维度，所以也就不足为怪了。他们描述自己最大的问题是从州政府那里获得资金。我问道："你们对州立法机关都说什么？"他们简单地回答："我们告诉他们这项工作多么令人感动。"

你能猜出相应的政府工作人员的基础维度吗？政府机构的文化充斥着"橙色"。我建议这支"绿色"团队找到一位既能分享他们的价值观又可以把他们组织起来的橙色领导。你知道这为什么很困难吗？因为我们都更喜欢和我们相似的人在一起，有一个名词可以形容这种倾向——同质性。

几个月之后，很偶然地，我听说美国国会最终通过了联邦综合心理健康法案。该法案延迟了两年之久，直到倡议者最终提供了他们所需的数据才得以通过。绿色培养者只有在满足了橙色指导者的需求时，才会实现他们的要求。

在技术团队中的绿色标志者在工作中必须在逻辑面中的两项能力——展望或者指导能力中擅长一项，才能对团队有所贡献。而且，他们需要策略实现他们对角维度橙色指导型的一些职能。企业文化中有80%需要"橙色"组织行为，不过也有好消息，4D全面发展的"绿色"型往往在管理层中升至最高位置。他们都是卓越的领导者，有很多人对其忠心耿耿，因为他们的天性在于对他人的深切关怀。

我们现在先暂停有关绿色型领导的讨论，看一看关注所有四个维度的需要，再以甘地的故事进一步讲述一下什么是4D全面发展的绿色。

绿色全能的甘地

任何了解甘地生平的人，一般都会认为他是一个绿色培养型领导。别忘了他还是一名律师，这个身份体现出对角线方向的“橙色”能力。由此可以说明，他具有4D全方位能力。《甘地》电影中有一幕：他号召人们对英国法律要求所有印度人提供指纹的做法表示抗议。用4D分析这幕场景，从中可以看出，甘地在指导之前先进行了情感沟通。

他的开场白体现出极大的包融（当时英国军官也在场）：“我要欢迎所有人，欢迎每一个人，我们没有任何秘密。”接着他表示，斯缪特将军（General Smut）在新法中要求所有印度人提供指纹就像对待罪犯一样。他还补充说，英国军官可以不用敲门就进入任何一个印度人的家中；在英国法律下，印度人的婚姻都不合法。他说：“在这样的法律之下，我们的妻子都是妓女，这里的每一个男人都是私生子。”他在利用情绪激发全场的愤怒。

在场的人发表过激的话语，宣称要杀几个英国人以表达他们的意志和决心。甘地赞扬了他们的勇气（用感激进一步沟通），然后他发表了一段精彩的演讲：“但是，我的朋友们，没有任何原因让我觉得应该去杀人，无论他们对我们做了什么，我们都不会攻击任何人，也不会杀人。但是，我们不会给他们指纹，我们大家都不给。他们会把我们关进监狱，对我们罚款，夺走我们的财产，但是，如果我们不给他们，他们就无法带走我们的尊严。”

他接下来的话让我惊奇，想不到这样一个情感型的人，竟能够讲出如此有力的理想宣言：“我请大家起来斗争，与愤怒斗争，而不是激起愤怒；我们不去主动攻击，但我们会受到攻击，通过我们的痛苦，我们要让他们看到他们自己的不公。这会让人痛苦，一切的斗争都会让人痛苦，但我们不能因此屈服。他们可以折磨我的身体，打断我的骨头，甚至杀了我，但是，他们得到的将只能是我的尸体，而不是我的屈服。”

接着，他又回到包融（更加感人），说他们都是印度教徒和伊斯兰教徒，都是上帝的子民，甘地要求他们：“以上帝的名义庄严宣誓，无论发生什么，我们都不会屈服于这项法律。”

停顿片刻，广场上不约而同地响起了热烈的掌声。一位老人站了起来，表示愿意宣誓；一个年轻的男孩随后站起来，最后所有人都跟着站了起来。这幕电影场景以一个极为包融的和谐场面结束，甘地带领大家唱起了英国国歌“天佑我王”，所有印度人都站起身来，而那三个英国军官也站了起来！

甘地通过“绿色”的价值观，同时借助其他三个维度有效行为的支持，战胜了英国人。我相信，他如果不是4D全能，不会如此成功。

死之华合唱团（Grateful Dead）的领导者杰瑞·加西亚（Jerry Garcia），这样总结绿色培养型的理想主义困境，以及他们在组织能力上的欠缺：“如果你是在人间寻找天堂，那么你的愿望很难实现。”

绿色培养型在关爱他人的方面做得最好，他们会经常提供培训和教练，一旦成为4D能手，将是卓越的团队领导者。而如果他们只是单一的绿色，他们的组织能力（指导维度）欠缺会影响他们进行有效领导。

如果4D绿色培养型领导利用其他三个维度支持自己的天生能力，他们的行为就会像图6.6的左侧一样。如果他们缺少了三个支持维度中的任何一个，在能力方面就会有不足。他们的行为会转向图中右侧的单一模式——理想者成了受害者，诸如此类。

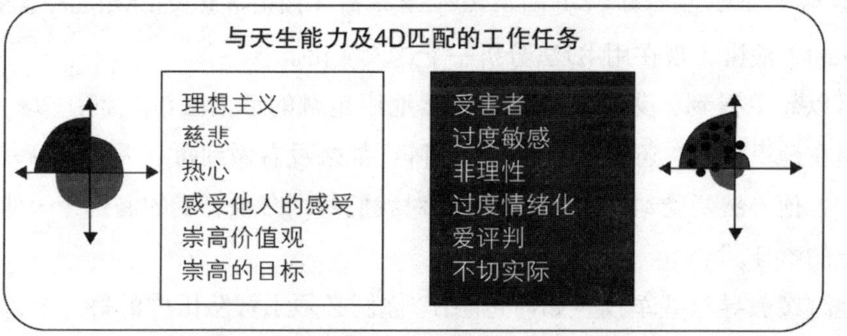

图6.6　4D与单一绿色培养型领导的比较

黄色包融型性格的AMBR

关注点（Attention）：自然地参与团队合作，与人建立关系；

心态（Mindset）：我们来到这里是为了相互合作；

行为（Behavior）：促进团队运作与合作；

成果（Result）：因和谐而成功。

当然，黄色包融型的人所面临的斜对角维度挑战，即是蓝色展望型擅长做的事：对困难的人事问题采取有效行动，并忍受冲突对立。

黄色包融型领导艾森豪威尔

有好几年，我都找不到一个其行动能让人感觉是包融型领导的典型。后来，有一天晚上做晚餐时，我把电视调到了历史频道。我听到解说员说："艾森豪威尔当选为盟军最高司令的原因在于，他太讨人喜欢了，他是唯一一个能与蒙哥马利将军共事的人。"

我冲到电视前，这是真的吗？难道我在一位将军身上终于找到了包融型性格？之后，我四处寻找有关艾森豪威尔的录像带。既然找到了一个代表人物，就期望能在海量的资料片里找出其具有代表意义的片段。

1988年出版的《艾森豪威尔演讲集锦》中的第一个场景是艾克（艾森豪威尔的昵称）在桑德赫斯特英国皇家军事学院（British Royal Military Academy, Sandhurst）演讲，现在用4D法分析一下这段演讲。

可以想象得到，艾森豪威尔很自然地用包融的话语融洽气氛："每一个人，无论是在地里耕耘，还是拿起枪冲锋陷阵，如果没有做到每一天甚至每一时都尽职尽责，他必然要受到良知的谴责……对我们两国必须忍受的痛苦……他也要承担部分的责任。"

他继续教导这些军校生如何包融："你们必须了解队伍中的每一个人。成为部队中最好的战士，做到最坚强、最勇敢、最能忍耐，在技术上拥有最精良的装备，这些都还不够。你必须做他们的领导、他们的父亲、他们的导师，即使你的年纪可能只有他们一半……你必须要掌握这种人与人之间培养情感的艺术，而且，你必须要很快掌握。"

我发现这个讲演太惊人了，这是一位在战斗中不讲顽强作战却讲战友情谊与相互理解的将军。天性胜过了逻辑。

你是否还记得艾克的总统竞选口号“我喜欢艾克”？想一想，要是换成“我喜欢戈尔”，你能想象吗？虽然开这样的玩笑，我对戈尔还是满怀敬意的，只不过他是蓝色展望型性格，自然在受欢迎这一点上逊于对角线的黄色。

据我所知，没有比艾森豪威尔的话更能总结包融型的观点了：“有些朋友会支持，有些朋友会反对，而我支持所有的朋友。”

黄色包融型领导在人际关系和团队合作的方面做得最好，我相信，包融型领导在大型复杂的项目团队中是最好的领导人选（当然他们也要是4D能手才行）。当黄色包融型领导是4D全能时，就会有图6.7左侧的性格特点。而他们一旦缺少其他三个维度的支持，就会显出能力上的欠缺，在行为层面上会出现图右侧的行为。

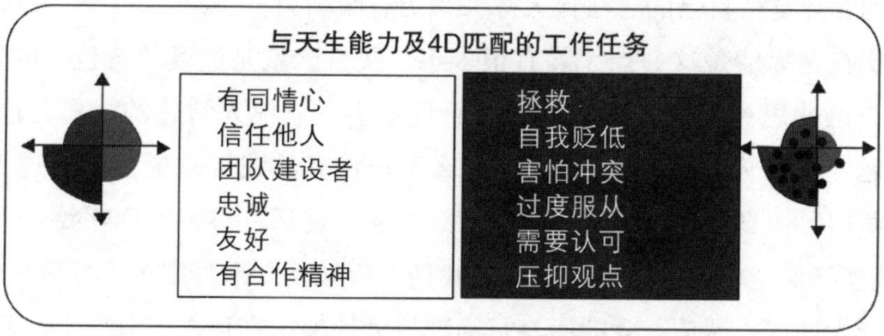

图6.7　4D与单一黄色包融型领导的比较

蓝色展望型性格的AMBR

唐纳德·特朗普（Donald Trump）的一句话很好地抓住了蓝色展望型领导的心态：“反正你总会想的，那就干脆大胆地想。”

下面是蓝色展望型性格的AMBR：

> 关注点（Attention）：很自然地注意想法、概念，而且要做到最好；
>
> 心态（Mindset）：新颖的远大构想很重要；
>
> 行为（Behavior）：有想法，而且宣传自己的想法（很多时候，因为太快，以至于他人无法做出回应）；

成果（Result）：因卓越和创新而成功。

当然，他们面临对角线维度的挑战，包括以合作者身份加入团队；另外，“蓝色”经常强烈地需要关注，在团队中，他们经常要提出观点，有时候会干扰到事情的有序进展。

在几年前的一次技术会议中，我见识到一位发展过度的单一蓝色展望型领导。他打开幻灯片，扫了一眼观众，然后开始演示他的材料，他的脸一直面对屏幕。演示结束，他看了一眼大家，走回自己的座位上，目光还停留在屏幕上。

我问在场的一些人：“他与人交往吗？”多数人回答：“不交往。”他们只想与人交往，而他只和自己的想法交往。这正是深蓝色展望型的危险之处，这些蓝色性格的领导觉得自己的想法比人际关系更有吸引力。

我实在是太清楚这一点了。有很多年，我自己就是过度“蓝色”的领导者。我活在自己的思想里，忽视了情感，而且也不在意他人情感的需要，这成了严重的问题。有一天，我问自己：“为什么工作没有给我带来更多的乐趣呢？”慢慢地我明白了：真愚蠢，是因为我的人际关系。之后，很多人称呼我“全新的查理”。我怎样保持健康的人际关系呢？我请人每四到六个月用个人发展评估工具，对我的行为进行再评估，我的所有行为都持续地保持在顶端五分位上。我必须保持这样的分数，因为我要公正地介绍4D。**注意力集中的地方，就是力量之所在。**

单一蓝色展望型领导霍华德·休斯

电影《生死风暴》（*The Amazing Howard Hughes*，1977年出品，另译《世纪的男性》）绝佳地展现了一位过度展望性格的人。我不清楚这部影片是否完整地表现了霍华德·休斯这个人，但这并不影响我们的描述。

有几个场景突出表现了这位领导人的单一“蓝色”特点，其中一幕场景中，休斯说：“我无论做什么都要做到最好。有一天，他们醒来时会发现，霍华德·休斯成了世界上最富有的人。”“成为最好”是典型的“蓝色”价值观。

电影发行以后，克鲁克山克（Cruickshank）对休斯本人进行了一次有关这部电影的访谈，休斯说：“搞什么，这只说明这些人既没有脑子，又没有胆子。一部小说要是这么结束，就够糟的了，而一部电影这么结束，简直就没法看了。我们要改掉这个结局。”这展示了深“蓝色”领导者的又一性格特点——变化无常，他快速地改变主意，导致没有人能够完成任何事情。

休斯继续说：“这是一个非常特别的世界。现在人们觉得，大多数人应该把兴趣放在人的事情上，然而，甭管什么原因，我宁愿关注其他的事情，也不想把兴趣放在人身上。”克鲁克香克问道：“其他的事情是什么呢？”

休斯说：“嗯，我想应该是我们周围的事物吧，比如地球以及地球是由什么构成的，天空以及天空之外的宇宙部分。克鲁克香克，你看，我真正感兴趣的是理解冬夏的轮回，而不是了解我的隔壁邻居。我实话告诉你吧，大多数人让我厌烦，我不想跟他们有什么来往。”太深的“蓝色”与他们的思想有着强烈的联结，所以给人际关系留出的空间就微乎其微了。

展望型领导者很适合重视概念和创意的职务，图6.8是4D展望型领导和单一展望型领导者的行为比较。

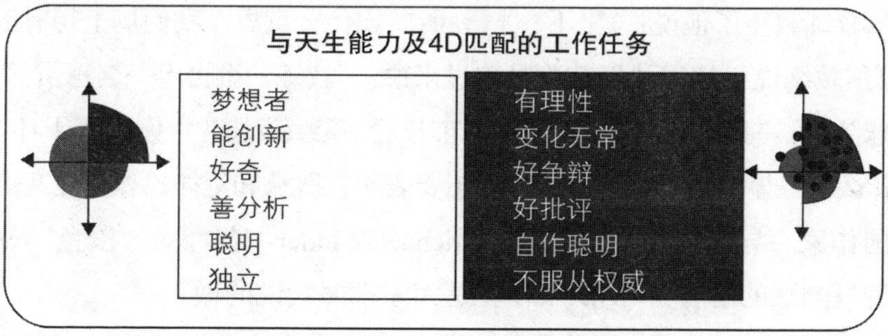

图6.8　4D与单一蓝色展望型领导的比较

橙色指导型性格的AMBR

关注点（Attention）：很自然地关注任务、流程和确定性；
心态（Mindset）：对工作有计划，并且按计划实施；
行为（Behavior）：执行中态度严谨，遵守纪律；
成果（Result）：因有流程和始终一致而成功。

当然，他们对角线维度的挑战是，把人看作是有合理个人需要的人。

单一风格橙色的指导型领导

1986年的电影《火爆教头草地兵》(*Hoosiers*，1986)惟妙惟肖地刻画了单一风格指导型的性格。我所说的单一风格，指的是虽然德尔教练是4D全能，但他在每一个维度中都使用了自己的指导风格。他要是有口号的话，那肯定是“要不听我的，要不你走人”。他要掌管一切，而且什么事都要始终一致。

在球队中有个明星运动员雷，他在球场的任何地方都能投篮命中。德尔教练要求球队传球四次才能投篮。当队伍比分落后时，每个人都给雷传球，他随即投篮命中，观众一片欢呼，而教练却是怒火中烧。

中场休息时，德尔教练在大声训斥，不停地警告球员要传球四次。当他们在下半场时，雷还是得球即投，于是德尔教练把他换下场，派最后一名球员——矮小的欧里上场。不久，另外一个球员被罚下场，雷跳起来准备上场。

德尔教练制止了他说：“坐下！”雷问：“你什么意思？我们场上得有五个球员呀！”德尔教练说：“坐下！”裁判员跑过来说：“教练，得再上一名球员。”教练德尔指着球队说：“我的球队在场上呢。”市长看着教练问道：“你想要干什么？”他想要干什么呢？显然再清楚不过了，他想要表明，服从和纪律比赢得比赛更重要。

英国作家、导演迈克尔·温纳(Michael Winner)曾经对“橙色”领导者的心态进行过幽默的解释：“团队工作就是大家都照我说的做。”

“橙色”的人在需要管理能力的工作任务中表现出色，比如做规划、组织活动、指导工作和控制局面等。图6.9是4D指导型领导和单一指导型领导的比较。

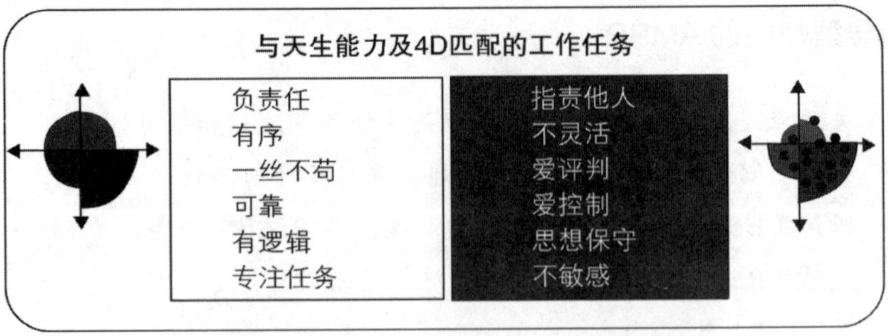

图6.9 4D与单一橙色指导型领导的比较

只有一个维度是不够的

图6.10是列出探讨各维度团队和领导者的代表性书籍。书的作者及大多数人，都倾向于从单一维度说明什么重要。这些人选择的角度肯定源于他们的天性。

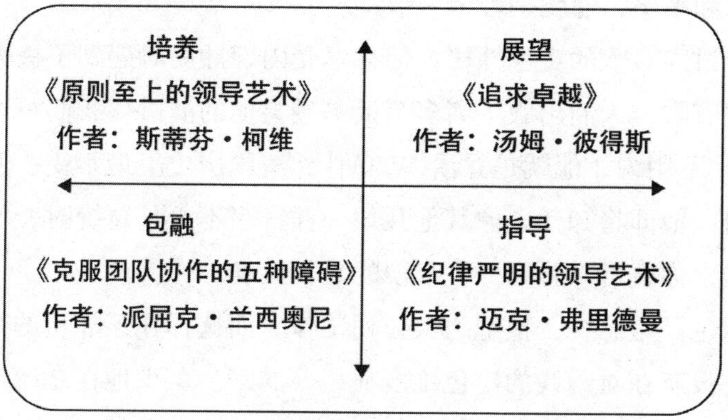

图6.10　强调单一维度的代表图书及作者

现在，你知道了建设团队和培养领导都需要四个维度，仅有任何一个维度都不够。这个领悟意义非凡，我希望你在下次阅读有关领导力的书籍或文章时会想到这一点。

几位美国总统的颜色

使用4D分析，识别同事的性格特点会非常容易。我们以几位总统及总统候选人为例来练习一下。我们可以先猜测一下他们的基本性格，再看看他们四维度的能力，即是否擅长对角线维度。这与政治无关，我们只分析他们的性格类型，对象包括吉米·卡特、阿尔·戈尔、贝拉克·奥巴马和乔治.W.布什。

有一位绝对“蓝色”型的人，他在大学院校里举办了很多场选举前的活动；著有三本畅销书；笨拙地做“黄色”性格的事：在不恰当的时候亲吻人，还在西班牙歌曲响起时跳起了舞。此人当然就是戈尔了。因此，我们得出一个结论：他不是4D全能。他竞选失败后，在国内做巡回演讲，还制作了一部环保电影，展示出自己蓝色的一面，而且在2007年获得了诺贝尔和平奖。

这是一位“绿色”型农夫兼主日学校的教师，他曾是一位不太受欢迎的总统，我还记得他憔悴焦虑的面容。他那么努力地要成为一名“橙色”领导人，并且试图挽救深陷危机的经济，我想他的4D能力也不太好。他在总统任期结束后所做的事业完全遵循他绿色的价值观，并且给他带来了极大的成功，在2002年，获得了诺贝尔和平奖，他就是吉米·卡特。

这位拥有讨人喜欢的黄色性格，但在忍受内部冲突时遇到了极大的阻碍。他的蓝色智能很有限，人们出版了诸多笑话书嘲笑他的演讲。我们可以断定，他也不是4D全能。不用说，他就是乔治.W.布什，美国历史上最不受欢迎的总统。在我写这本书时，他即将卸任。像其他几位一样，当不再是总统时，他可以做他想做的事的时候，你就可以验证一下我说的是否正确。

这位“绿色”型总统，拒绝为大公司工作，而选择在芝加哥的社区服务。有趣的是，他并没有在对角线的橙色维度显出薄弱来。至少他在总统选举中表现出极为严谨的组织性，他选择了一位明显是橙色的办公厅主任，这表明他意识到了自己的弱点，并且试图弥补。总而言之，奥巴马总统看上去是4D的，而时间和危机会告诉我们他是否真的是4D全能。

你是否是个称职的经理?

我在科罗拉多大学商学院管理系任教的时候，同事们会不时给我送来一些文章。一天，我收到了一篇关于企业心理学家对美国典型企业“管理能力不足比率”的文章。这篇文章报道了心理学家提出工作中不称职的经理的百分比（Clark1990），你猜这个比率是多少?

我在工作坊中问起这个问题，对人们的回答非常惊讶，他们一般会认为60%~90%的美国企业经理不称职。在商业组织中，经理是最强有力最有影响的人，这怎么可能?如果有多一半的厨师能力不足，那这个餐厅还能成功吗?

但是，这个推测和企业心理学家的假设惊人地接近，文章中引用的比例是

70%！也就是说，有70%的企业经理不称职。

然而，对做航空工作的我们倒有个好消息，我找到一篇写一个大型航空公司的博士论文，里面引用了米莉肯—戴维斯（Milliken-Davies）的调查数据，只有一半的航空经理在工作中能力不足（这是不是好消息）。

百分之三十胜任的管理者

4D系统对管理能力提供了非常重要的见解，计划、组织、指导以及控制是组成管理的重要元素。请注意，这是4D系统所命名的领导力。当我发现这一点时，实在是太开心了。许多作者宣称，管理是一种有限能力，也就是说一个人必须要超越管理才能成为一个伟大的领导。在我们的4D系统中，管理是领导力的重要组成。我会向你说明，要想在NASA或者某个特别的企业中取得成功，你最好能够计划、组织、指导和控制。

是什么使人们认为管理能力不足呢？我认为根本原因在于，人们期望管理者能满足他们的情感需求，也就是4D系统X轴的情感面，最基本的需求是感受到真诚的感激和包融。当然，人们也需要基于现实的对美好未来的信心，需要管理层能够兼顾四个维度。

这给你传递了怎样的信息呢？你愿意人们把你列为那百分之三十胜任的管理者吗？如果愿意，那你必须具备4D领导力。

4D员工招聘

成功与失败的项目经理人之间的差异是个值得探究的话题。作为NASA的一位主任，我希望自己的项目成功。我按照预算的多少推动项目逐步实施，团队合作得也不错，可是我的项目经理却总因为这样那样的原因离职。

更换项目经理的成功概率只有一半，这令我苦恼不已。这样可不行。在选择项目经理时，我们做错了什么呢？现在回想起来，我知道当时还不知道要注意他们的4D能力。我只看到了其中一个维度——指导维度，并且主要还是看他以往的资历。

如果你想了解一位项目经理人选在其他三个维度的情况，你会怎么做？你会问求职者，他要做什么才能让手下人知道是真心关心他们；你还可以问他们如何与人分享信息；还有，他们对团队成功投入的程度有多深。换句话说，你要了解他们在其他三个维度的能力，即培养维度、包融维度和展望维度中的能力。然后，你再向那些曾与之合作的同事或下属核实一下。

小结

如果能够发现你的性格基础，即你的天生性格，以及为什么你如此行事，其意义非常重大。以下有三种策略：

1. 使用本章中提供的调查表。数以千计的工作坊学员使用了该调查表，结果表明，调查结果的准确率大约90%。我之所以这样说，是因为学员在工作坊中都佩戴颜色标志，可以看出他们的行为与颜色是否相符。
2. 把这些内容教给一个非常了解你的人，并请他为你选一个颜色标志。或者更好的做法是，和团队一起学习。如果你不确定，就请同事帮忙。一般来说，他们能为你找到颜色。
3. 你一旦有了一个倾向性的选择，就可以通过以下两种方式验证：
   a. 问问自己，如果钱不是问题，你会做些什么。如果和你的标志颜色一致，你可能选择正确。
   b. 看一下你所选颜色的对角线维度，对你来说，那确实是特别具有挑战性吗？你有没有应付那个维度的特别方法？

例如，我们一位工作坊主讲人是4D“绿色”，他非常努力，以确保他天性中的“橙色”缺陷不会破坏掉整个活动，他在前一天晚上总要检测一下设备，然后还要带来备用电脑和投影仪等。

制作一个图表，把你的团队成员的天性颜色放置其中。如果你的团队是一支普通的管理团队，你可能会看到你的团队成员的情况与平均的比例相符，也就是五成情感型、五成逻辑型、三成直觉型、七成感觉型。我的经验是，技术团队偏逻辑的人更多一些。

什么才是最好的分布呢？我喜欢的分布情况是，在项目的不同任务阶段都有与之相匹配的人。如前所述，团队中如果混合了所有四种性格基础的人，那么在你做决定时，大家能提供不同的观点供你参考。

第七章
用4D诊断团队

弗兰兹·卡夫卡（Franz Kafka）曾经说过："如果你和世界斗争，就把赌注押在世界上。"而我说："如果你和文化斗争，就把赌注压在文化上。"

在三个社会背景诊断工具中，这是第二个。我们从上一章了解到，天性使我们知道自己在团队中最擅长做什么事。我们现在用类似的方法分析团队和组织机构的性格，一般我们称之为"文化"。文化来源于领导个性、团队成员性格、历史传承以及更大组织机构的背景。

阿什的试验——背景改变认知

多年以来我一直都在简要介绍所罗门·阿什（Dr.Solomon Asch）博士20世纪50年代的成就。他的实验极为简单，他向受试者展示图7.1那样的两张卡片。一张卡片上有一条线，另一张卡片上有三条线，这三条线中有一条与第一张卡片中的直线等长。

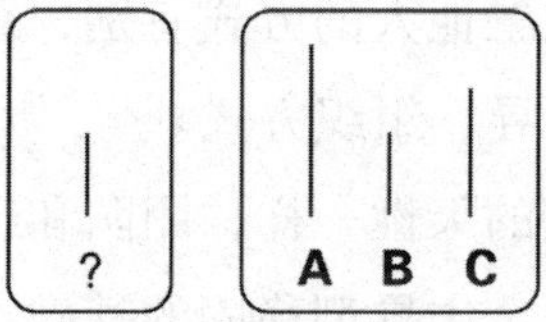

图7.1　阿什的卡片

他让人们在第二张卡片中（A、B、C）找到与第一张卡片中等长的线，一个孩子可以做很多次也不会出错。然而，阿什博士在受试者回答之前，首先安排七个人故意给出错误的回答。在随后的实验者中，有多少人会给出明显错误的答案呢？结果令人吃惊，三分之一的受试者给出了明显错误的答案。我认为，这些人一定知道自己的答案是错的，那样做的目的是迎合他人。

最近有一个同样的试验，利用磁共振成像（MRI）测试受试者的大脑状况。如果我们选择撒谎，或环境背景影响我们实际看到的东西，大脑的某些部分会很活跃。研究人员发现，人们为了顺从团体，选择错误答案时，脑部负责空间意识的区域会活跃起来，而做出有意识决定的大脑区域则不活跃。

研究表明，我们所看到的事实是以群体背景定义的。我们在大多数人相信某些事物时，很难不受影响，而这种受影响的程度我们多数人不愿意相信。社会背景在航空飞船发射前检查、陪审团审案和选举中都有强大的影响力。本章分析了社会背景的另一个表现形式——团队或组织文化。你可以通过管理这方面的背景提升团队绩效。

磁场是不可见的，通过它们所影响的其他材料才能被观察，比如，把铁屑粉撒在一张覆在磁铁的纸上。文化场也是不可见的，通过它们在人身上产生的影响才能被观察到，例如，阿什的试验验证了一个改变人们感知的文化场。就像铁屑无法抵挡磁铁的吸引一样，人们无法抵挡文化的影响。因此，你必须调整团队的文化场方向，和你的客户文化与任务协调一致。

四种文化

4D系统展示了四种文化——蓝色（展望）文化、绿色（培养）文化、黄色（包融）文化和橙色（指导）文化，每种文化对事实的认知不同，每种文化有自己独特的核心价值观，每种文化包融他人的方式有别，每种文化对成功怀着不同的愿景，每一种文化都有不同的指导、组织方式。

基于这些原因，就像我们的天性一样，团队和组织也会倾向于四种文化基础中的某一种。如果文化没有一个主导型稳固的基础，就会长期不断地经历紧张与困惑，直到一种主导型文化出现。

图7.2中，左上方的绿色培养型文化图标，表现出个人的价值观和对他人的关爱，我们经常在公司人力资源部门、教会及慈善机构等非营利组织看到这

种文化。

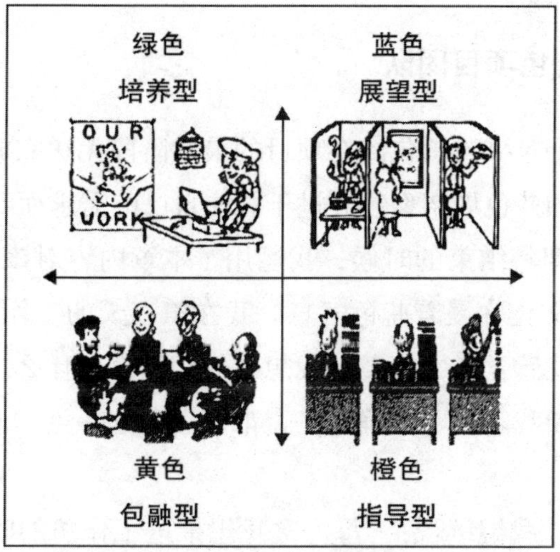

图7.2 四种文化的图标

左下方的黄色包融图标体现了和谐的群体关系，我们在小型的服务业中能够看到这种文化。这种文化在为客户提供所需的特制产品以及特殊服务方面表现突出，比如想要完全满足你心愿的小型家装承包商。

图的右上方是蓝色展望型文化图标，表明研究者具有独立研发能力，我们在研究实验室和研究型大学中可以发现这种文化。

右下方是橙色指导型图标，展示了流程与效率，这是大多数公司的文化，因为大多数消费者想购买物美价廉的商品。我相信百分之八十以上的公司属于橙色文化。

注意对比展望型图标与对角线维度包融型图标中的不同交流风格，哪一个更喜欢用电子邮件？哪一个更喜欢面对面沟通？

我担心的是，这个世界越来越向单一橙色指导型文化方向发展。我们在越来越多地购买除了价格之外其他方面并无差异的商品。我还记得从前在美国各地旅行时，可以见识到不同店铺的乐趣，而现在，在每一个机场，每一家购物中心，

以及每个国家，都可以见到毫无差别的销售规模化商品的店铺。在4D关系图中，我们好像正在失去绿色的核心价值观（比如对他人的同情心），而更加认

同贪婪的橙色文化。我虽然无法预知未来，但变化终将到来。

无法完成任务的蓝色项目团队

再回顾一下那个NASA承包商在项目的最后阶段无法完成任务的故事。其根本原因在于，项目的蓝色展望型领导过于关注自己的需求而不是将项目结束。

在那个工作坊即将结束的时候，我运用了本章内容对该团队文化进行诊断。不出所料，他们的文化弥漫着蓝色气息。我在第三天的工作坊开始时说："在这一次的工作坊中，我感觉非常疲惫，我想跟你们谈谈为什么。我需要十分钟的时间，请你们不要打断我。我不太确定是否都能做到这一点，但我现在请你们不要打断我。"

他们表示同意，我继续说："每一次我想推进工作坊的时候，你们中的某个人就会举起手打断我，而我的一句话还未讲完，或者我正在讲解某一张幻灯片。我好像撞到了障碍，耗尽了能量。"我在讲话的同时，在教室中走动，走了几步，假装撞到了一堵墙，"我就是这样在不断被打断，结果弄得筋疲力尽。"

我指着记录在白板上的文化诊断情况说："这就是你们的问题。你们这些非常聪明、精力充沛、很有天赋的'蓝色'人，在本应转向橙色指导型文化时，却卡在了你们的蓝色展望文化里。你们抗拒改变，就像你们阻挡我推进工作坊流程一样。"

我接着说："我明白你们为什么在完成这个项目上遇到问题了。你们只是在做在展望型文化中所做的事。你们忙着向彼此展示自己的聪明之处，却抗拒橙色管理的控制与权威。我所知道的真实情况就是这样，因为这是我与你们相处的经验所得。我这样认定，是要印证一下我的诊断结果是否正确。"此时，要是有根针掉到地上也能听到，没有人讲一句话，因为我的话切中要害。

停顿了一下之后，我继续完成工作坊的内容，没有人再打断我。我感觉自己慢慢恢复了精力，在工作坊结束时，我感觉非常好。我们得到的总体回馈是"满意"，在1~10分的评分中得到了8.9分，NASA项目经理给我们打了10分（分数其实并不重要，但是高分还是令人愉快的。我们真正在乎的是，我们的工作能够帮助他们提升团队和个人发展评估分数）。

这个故事很有趣。我给这支超级“蓝”的团队提供了一剂强有力的“橙色”解药，不让他们重复老路。我在前一章开出了一张简单的成功药方。这个项目基本如我预期，继续进展。领导层将他们的团队负责人换成了一位极“橙色”的组织型领导者，团队文化缓慢而痛苦地转向了“橙色”，而项目最终得以完成。

团队文化的诊断

就像我们对天性进行的研究一样，我们也需要找出主导的文化维度。接着，我们再对以下问题继续探究：

- 你的团队文化是否与你的客户文化相匹配？如果不能契合，与你的客户文化相契合的竞争对手势必会抢走你的生意。
- 你所在上级单位的文化是什么？如果你的团队或者组织文化不能与上级单位文化契合，你必须努力适应上级单位的文化，否则就有被取消的危险。
- 如果一切都很契合，那就太棒了！然而，你的主导文化维度如果过度发展，那么你的对角线维度就会萎缩，从而限制你的绩效，所以你必须要有意识地保护好你的对角线维度。例如，如果你的文化是蓝色展望型，你面临的风险就是黄色包融维度的瓦解，人们关系疏离，彼此协作困难。如果你的文化是橙色指导型，你面临的风险就是绿色培养型文化的瓦解，人们会感觉自己没有被当作人看待。

像NASA这样的政府机构工作的团队，其文化主要是“橙色”或是“蓝色”。因此，你可以利用表7.1中的问卷表确定自己文化的主导颜色。就像前面对天性基础的探究一样，实事求是根据你目前所在团队或组织的情况进行选择（不是你希望它怎样），在你的选项上画圈。注意：左边是蓝色，右边是橙色。

表7.1 蓝色或橙色文化诊断

1. 我们团队把最终决定权赋予：	
超能干的思考者或奇才	组织结构中位于顶端的经理
2. 我们的合作流程是：	
好争辩，不管别人是否生气	靠流程和管理系统进行组织
3. 我们团队的主要价值观：	
创新和卓越重于流程和确定性	流程和确定性重于创新和卓越
4. 我们团队的决策过程驱动者是：	
技术专家	管理层
5. 我们的行政管理流程是：	
随意的、临时的	成文的，并严格执行
6. 我们团队成员的个人行为：	
混乱，有时使人沮丧	纪律性强，有严密组织

表7.2 主导文化结果表

结果汇总	团队 A 蓝色	团队 A 橙色	团队 B 蓝色	团队 B 橙色
1. 我们的团队把最多的权力赋予：				
2. 我们团队的合作流程：				
3. 我们团队的主要价值观：				
4. 我们团队的决策过程推动者是：				
5. 我们的行政管理流程是：				
6. 我们团队成员的个人行为：				

然后，把你的结果转移到表7.2的表格中“团队A”一栏。

现在，把你给上级单位或客户的打分填到“团队B”一栏。如果有不契合的情况，把两栏进行对比，找出最高效的改变途径。

画出团队文化类型图

先把你的主导色定为蓝色或橙色，用一个大扇形表示，如图7.3。图中举例是右侧的橙色指导型文化。下一步，假设另外一个逻辑维度的基础也很坚实，所以我们就在蓝色展望维度画出第二大扇形。

现在，我们合理的假设就是对角线方向的绿色培养维度最弱，黄色包融维度次弱，因此就用一个较小的扇形表示。

如果你的得分结果体现为蓝色，那么，就以同样的程序画这样一个图，只是最大的扇形在展望维度。我们现在探索以下四种文化中每一种的特点。多年来，我们用更为复杂的工具衡量了所有四个维度。其结果无一例外都是以蓝色或橙色为主导模式，而主导模式对角线维度都是弱项。我们简化了衡量方法。基本上，诊断出主导文化最重要。

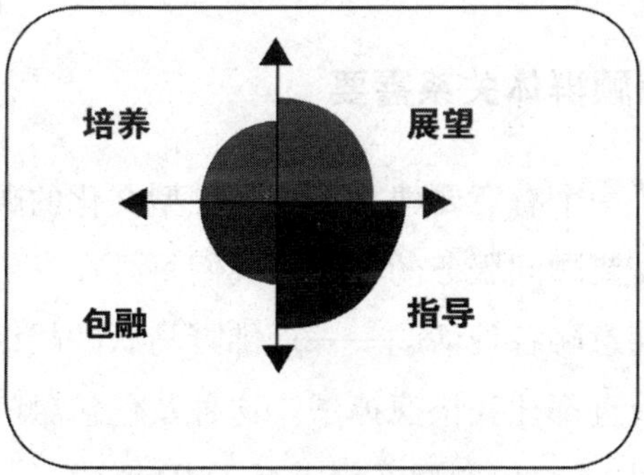

图7.3　文化类型图示例

绿色培养型文化：兼顾每位成员的价值观

我唯一一次绿色培养型文化团队建设经验，是来自为科罗拉多州心理健康委员会做的一次工作坊，这次经历我在前一章已经讲过了。对于“绿色”文化来说，与橙色指导型文化为主的政府基金组织打交道最具挑战性。

在非营利组织、教会或者企业人力资源部门中，这种“绿色”文化遭遇的最大挑战是对角线维度的“橙色”组织。我们会在本章后对加强文化中的“橙色”有更多讨论。图 7.4 对绿色培养型文化进行了 4D 解读。

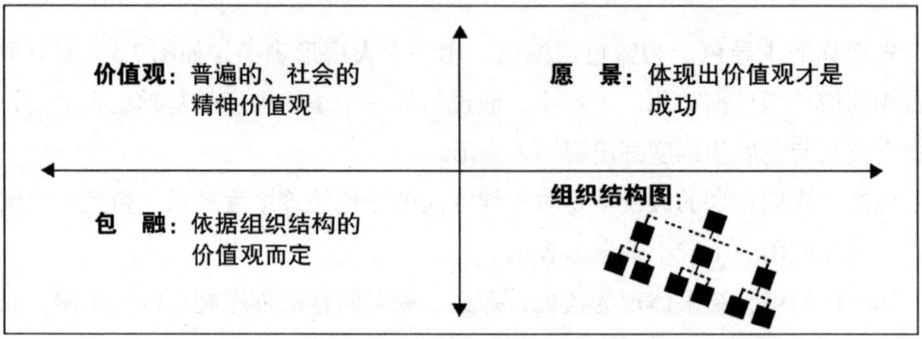

图 7.4　培养型文化的 4D 解读

右下方的组织结构图倾斜传达的信息是，这种文化典型的管理控制不足，例如教会组织经常要靠志愿者的主动参与。

黄色包融型文化：兼顾群体关系需要

几年前，我参加了一个有意要建立一种包融型文化的顾问团体。我们认为这种文化会有助于吸引需要顾问服务的客户。我们每月在丹佛开一次会，会议的头一个小时中，我们会随意聊各种话题——丹佛野马队的战绩、滑雪、哪里有户外产品大减价等等，这简直都让我快疯掉了。这种黄色包融的文化不适合我这个蓝色展望型性格的人。图 7.5 对包融型文化进行了 4D 解读。

几次会议后，我对会议毫无进展的状况感到沮丧。有一天，我在午饭之前走到前面的一个白板前，在上面画了一个标准的层级组织结构图。我开始把各种角色和任务填在表格里，用其中一个人做整个组织机构的负责人。一些与会者明显表现出了不安，我好像还听到有人小声说“控制狂”。我建议大家先吃午饭，我自己则考虑怎么进行下一步。

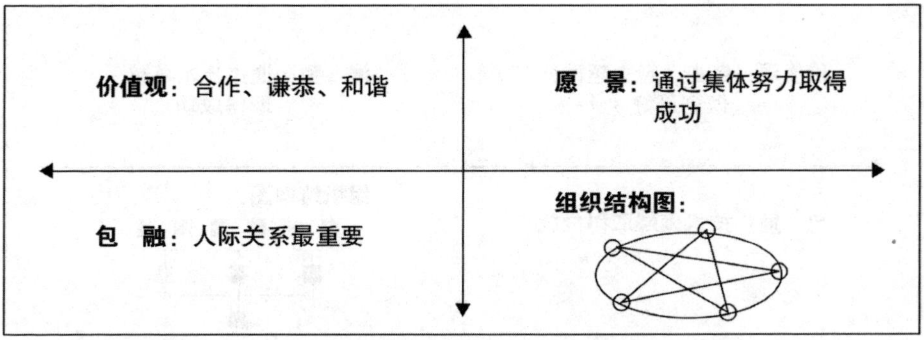

图7.5　包容型文化的4D解读

午饭后，我说："让我们再画一个。"我在先前的图表基础上画了一个圆形组织结构图，把与先前同样的人和角色都填上，这下每个人都很开心。圆形结构图消除了等级带来的不适。

里卡多·塞姆勒（Ricardo Semler）曾经写过一本很不错的关于包融型文化的书。在书中，他描述了一个为客户订制生产泵的巴西公司，这种产品与其文化契合。与人们通常的做法相反，员工为主管的业绩打分，大家轮换做首席执行官。据塞姆勒说，这家公司在巴西经济崩溃前一直非常成功。

当然，对他们而言，最大的挑战在于其对角线维度的"蓝色"文化，他们需要的是对分歧和冲突有更多的宽容。

蓝色展望型文化：兼顾个体专家的需要

我在科罗拉多大学商学院工作时，对于蓝色展望型文化有切身的感受，他们文化的诊断结果是百分之百蓝色展望型。我刚到达这所大学时，我的一位NASA同事正好要离开，他对我说："对你而言，最棘手的事是，这里的组织结构是颠倒的，奇才们在这儿拥有权力。令我苦恼的是，我做什么都很费劲。"事实确实如此，当系主任或校长对某件事表达想法时，那些有威望的教师会提出反对意见，一大堆电子邮件蜂拥而至。一天下来，那个想法就无疾而终了。图7.6对展望型文化进行了4D解读。

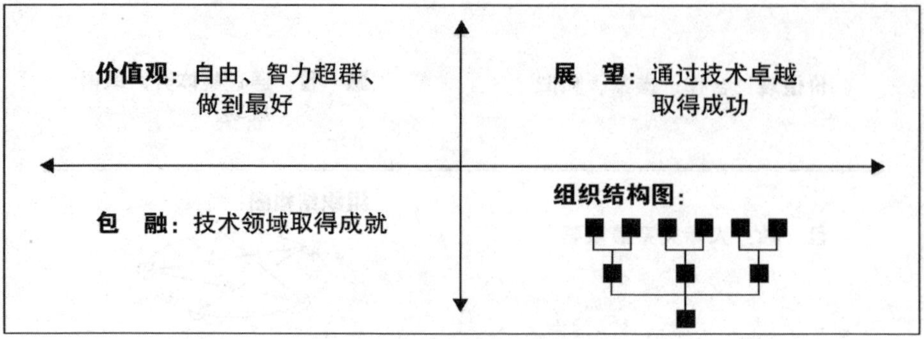

图7.6　展望型文化的4D解读

除了完成教学任务以外，我还是系主任的战略顾问，我请他描述一下系主任的角色，他说："校长的工作是演讲，教职工的工作是思考，系主任的工作是确保不要让教职工演讲，不要让校长思考。"

橙色指导型文化：兼顾管理层的需要

我居住的科罗拉多州博尔德市是"绿色"共和国，人们非常担忧大型橙色指导型文化公司会把当地人最爱的小店挤垮。在附近的苏必利尔市（Superior），当家得宝（Home Depot）和罗维氏（Lowes）进驻之后，一家有着一百五十年历史的五金店倒闭了。人们很担心邦诺书店（Barnes and Noble）等其他书店的进驻，会导致当地的博德书店倒闭。图7.7对指导型文化进行了4D解读。

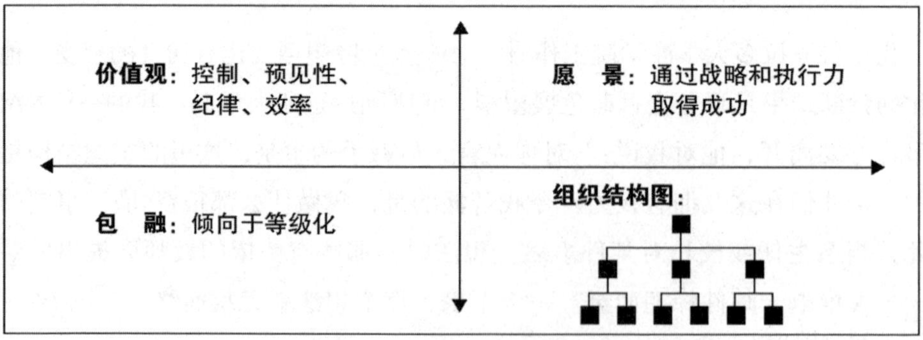

图7.7　指导型文化的4D解读

我每年搭乘美联航的航班飞行数万英里，所以对航空公司很感兴趣。航空公司是指导型文化典型的例子，数字与流程主导着一切。如果你问一位空乘人员，为什么选择某条航线做某种服务性工作，他们会说："这是由我的年薪决定的。"

那么，指导文化是否适合航空公司呢？你愿意搭乘以创新为导向的航空公司班机吗？如果一位飞行员宣称："我们不太确定新发动机能不能行。但是如果行，我们会提前三十分钟到达。"我们一定会争先恐后地逃离这架飞机。

指导型文化所欠缺的对角线维度是什么？单一指导型文化不把人当作人看，对人的需要缺乏关注。我没有什么机会与罢工的人交流，但在2000年夏天，我却遇到了美联航飞行员举行的一次集体怠工式的非正式罢工。

我经常进入驾驶员座舱，会在起飞前和飞行员聊聊天，我问他们："这次罢工到底怎么回事？"他们的回答总是一致："不是钱的事，是对管理层缺乏信任，感觉得不到感激。"（还记得人们在工作中最需要什么吗？）由此看出，美联航的文化显然是单一维度的指导型，与其他单一维度的领导一样，限制了绩效的提升。

相比之下，同样是橙色文化的西南航空公司兼顾到了四个维度，并以此创造出了竞争优势。乔迪·吉特尔（Jody Hoffer Gittell）在其著作《西南航空公司之路》（The Southwest Airlines Way）中写道："西南航空公司强大的组织能力——是其与众不同的'秘密配方'——是它建立并保持经理、雇员、工会和供应商之间高绩效关系的能力。这些关系的主要特征是，他们有共同目标，能做到知识共享和相互尊重……在与那些对组织事关重大的人之间建立并保持密切的关系。"西南航空公司的十大举措中有三点：1. 用信任与关爱去领导；2. 投资发展一线员工的领导力；3. 在聘人和培训方面注重关系沟通能力。

投橙色文化之所好

指导型文化在商业世界以及项目实施阶段（钱花得最多的阶段）处于主导地位，此外，美国有百分之八十的老板是"橙色"性格。原因很明显，组织文化会奖励展现组织价值观的成员，而指导型文化就是控制。控制在该文化中极为重要，一切都要在控制之中，一个展现控制的方法就是对一切都深入了解。我想起了鲍勃·纽赫特（Bob Newhart）的一个经典笑话，也许能帮助你理解这一点。

> 一个人同意在邻居度假不在时，帮忙照顾他家的狗。邻居离家时，此人打开门走进厨房。一只大狗突然出现，跳到他后面，挡住了唯一的出口。这只狗吼叫着，向他逼近。在恐慌中，他慢慢后退，发现在台子上有一包东西。他伸过手去，意识到是一袋狗饼干，心想：谢天谢地。他扔了一块，狗马上吃了。几秒钟之后，这只狗又向他逼近过来，他又扔了一块。就这样，左一块右一块，情况确实被控制住了。可是，问题出现了，饼干快吃完了。

这个故事的寓意就是，你必须总是要有资料饼干来喂养你的指导型文化的数据狗！你要没完没了地提供各种各样该文化所需要的详细资料，用以维持表面上的控制。

有一位同事告诉我，NASA太空科学主任曾经在挑战者号失事后，向喷气推进实验室的工作人员发表过一次讲话，他是这样说的："在这里我只要求一件事：永远不要让我说出'我不知道'这样的话。"有意思的是，他并没有说"我在这里只要求你们成功"。他之所以这样说，是因为他知道不管他要求不要求，他们都会竭尽全力取得成功。另外，这种文化可以忍受他的失败，但却不能忍受他对情况未能充分了解，进一步说，就是他们无法忍受事情不在控制之中。

大多数企业是橙色的

绝大多数的企业文化是"橙色"的。福特、微软、美联航等，无论哪家公司其核心都是"橙色"，强调提供始终如一、竞争力强的产品。当然，只有一种情况例外：创新型的企业，它们全都始于"蓝色"，在成熟过程中，再被迫过渡到橙色。这种过渡要求利用组织结构图、授权和流程，把权力从创造企业的天才手里转移到更多的员工那里。相信我，这可远比看上去要难得多。我曾与一个要升为"橙色"的"蓝色"金融团队一起工作过，花了几个月的时间，才在组织结构图上划出清晰的职权界限，争得多数人的同意。

事实上，我们经常发现，实施项目、企业和提案团队上升到“橙色”才能取得成功。例如，一个大型项目提案团队在项目的早期就开始联系我，之后，一年中我都没有听到任何信息。令人惊讶的是，在还有两个月就要完成项目时，他们打电话找到我，请求再次和他们合作。这个团队的性格评估显示，该团队领导以及大多数成员是“绿色”。而且该团队领导在组织机构中所表现出的杂乱无章，说明他还是单一“绿色”型。回顾上一章提到的，当人们处于单一维度的时候，会因为其他维度的欠缺，而使天性基础中值得肯定的性格特点变得不受欢迎。例如，他屡次在我们安排好的电话会议前一天更改时间。奇怪的是，该行业中的大多数公司认为，这家公司会取得成功。

经过上述的文化分析后，团队成员对这支团队是“蓝色”还是“橙色”得出完全不一致的观点，而我的结论是，他们的主导文化是“绿色”的。我把他们的领导召集到一起说：“你们马上就要输掉这个项目。在这种紧张的状况下，你们无法用一个‘绿色’的提案去赢得NASA深‘橙色’文化的项目。你们唯一的希望就是立刻换掉单一‘绿色’的团队领导，换上一个‘橙色’全能的人。”他们没有去做，更有甚者，他们禁止我与上级领导讨论此事。他们继续投入大量人力去准备提案，而我则回到了博尔德。

在这个大型项目竞争结果即将宣布时，我还在欧洲。《国际先驱论坛报》每天都在报道这个项目的进展，他们还预测我与之合作的那家公司最终会赢。最终，头版头条的新闻报道该公司失败了，结果大大出乎人们的意料，而我一点也不感到意外。我猜他们准备提案花费了5000万美元到1亿美元，真是可惜。

如果他们能够早点与我合作，更换团队领导和其他一些重要位置的人选，我本可以使用我们的标准流程，在三个层面让团队提升到“橙色”文化。

1. 个人层面：守纪律、能掌控、有组织、按时工作，能在规定时间完成工作任务；避免危机模式，确实每周完成一定的工作时数；工作与家庭之间要有清晰的界限。
2. 管理层面：清晰的角色、责任与权力说明；与所有资源分配（包括薪酬补偿等）相关人士沟通并确定管理流程。

3. 创造客户价值层面：专人负责各项流程（例如项目管理流程、客户界面管理流程以及研发流程等）。

当然，在建立“橙色”型文化时，务必保护并且维持“绿色”“黄色”以及“蓝色”亚文化。在一个“橙色”组织中，如果员工感受不到感激和包融，缺乏对一个既现实又美好的未来的期待，该组织也很难有什么成果。

不可忽视的亚文化

正如领导需要四个维度的能力一样，每个团队也需要保持其他三种亚文化的发展，例如“橙色”的组织机构，需要避免强迫其他亚文化接受“橙色”的价值观和流程。

- 你需要“蓝色”亚文化去研发新的产品和流程，而“橙色”管理方法会限制他们的创造力。
- 你需要“黄色”亚文化做市场，建立良好的客户关系，太多的“橙色”会让他们厌烦，不利于他们建立重要的关系。
- 你需要绿色亚文化去发展团队和个人，而公司经常把这些组织部门称为“人力资源”（你能看出这个名字有多“橙”吗）。太多的橙色会对其他文化造成不好的影响，会使天性“绿色”的人失望，最优秀的人会在可能的情况下选择离开。

另外，这些亚文化必须要把“橙色”型文化中的“数据狗”喂好，以求得生存。对于对角线维度的“绿色”亚文化，满足“橙色”文化的要求非常困难。我的客户常常抱怨人力资源部门缺乏及时回应，有一个关于人力资源工作人员的笑话：“弗雷德从来不能完成工作是因为他太忙了。”能够觉察并且接受各种文化间的差异，对于取得成功必不可少。

最后，我注意到，四个核心组织功能（人力资源 / 员工发展、市场营销、新产品研发和管理）与四个维度的一致，是4D系统有效性的又一个有力的证明。

成功的4D提案

杰克·韦尔奇说："如果你创造不出竞争优势，那就不要竞争。"我说："如果你不能与文化契合，那就不要竞争。"在4D系统研究的早期，一个朋友邀请我参观他的太空公司，说他已经建成一支由最优秀的科学家组成的队伍，帮助他们在大型竞争中向委员递交提案。他已经向管理层保证，他的提案排名会非常靠前，NASA至少会选中两个。这些提案涉及的科学项目价值4亿美元。

结果公布，他们所有的提案NASA一个也没选中。更糟糕的是，他们的排名非常靠后。公司的副总裁非常生气，指示他另换一批科学家准备下一轮提案。他告诉我，他提名我为候选人之一，并且警告我准备接受不友善的接待。

不过，还是有好的一面，公司会派一辆豪华轿车到机场接我，之后还有美酒佳肴的款待。那时4D系统刚刚起步，所有的收入都花光了。我权衡了一下，这次旅程看上去很不错，所以就答应去了。他所言不虚，在会谈的前夜，我们在一家很棒的餐厅饱餐了一顿。凌晨三点我醒了，脑子里琢磨着该对这个有敌意的副总裁说些什么。我想，有疑问时就用上4D系统，于是我又接着睡了。

会谈开始后，我在白板上画了一个4D系统图，说："给我讲讲你们递交的四个提案吧。"每一项提案都是一个科学奇迹，而且项目尚在早期阶段，预算就已经高到极限（我学会了用 π 乘以早期预算得到项目的最终成本）。在他们描述每一个项目时，我在右上角的蓝色展望维度画了一个大大的"X"，表示这是深"蓝色"的提案。

接着，我问："告诉我政府选择了哪些项目？"他们就开始讲那些提案只不过是"把现成的东西搬出来""他们的选择非常愚蠢""科学性太差""太低的成本估算"等。在他们描述每一项获通过的提案时，我在右下方的橙色指导维度画了一个大大的"O"。

我解释说："你们看到发生了什么吗？你们的提案侧重'科学卓越性'，而政府选择的是'成果确定性'。"他们一下子感到了这个简单分析的力量。然后我问他们："你们知道为何提出那些提案吗？因为你们只是听从了深'蓝色'科学顾问小组的建议。"

他们以失败提案团队常用的指责客户的方式回应我："NASA骗了我们。"我则用人们最常用的那句老话回应他们："那又怎么样？""你们看，"我接着说，"你们基本上有两个选择：一是做充分的市场调研，然后决定怎么去写一个与客户文化契合的提案；或者，你们提交两个'蓝色'展望的提案和两个'橙色'指导的提案。"

那位副总裁听了这些分析后，变得非常高兴，我后来为他的很多提案团队提供过支持。我发现只需花上一小时左右，使用本书介绍的诊断工具，就知道这个团队是否能最终赢得提案。更重要的是，我可以告诉他们怎么去赢，我的客户发现这太有价值了。你怎样做，才能使你的文化与客户文化契合，本书能帮你找到答案。

是否契合客户文化决定成败

以下的案例研究说明，如果提案团队的文化不能与客户的文化相契合，赢得提案简直是不可能的事。有句谚语说："鱼本身是看不到水的。"在下面的个案中，最严重的错误都是选了一个天性与客户文化不一致的项目负责人，而且这位领导会召集很多与之颜色相同的团队成员。压力之下，我们往往会做我们擅长做的事，并且会选择那些和我们一样的人。因此我们有意无意地，建起了一个无形的磁场，改变了我们所认知的现实世界。压力之下，我们还会选择契合我们自己文化的行动，而不是契合客户的文化。让我们检查一下，看看与客户文化不能契合时会有怎样的危险。

案例1：太空激光提案

这个案例是一个太空激光提案——卫星利用激光束摧毁敌人的导弹。为了识别客户的文化，看看下面的每一种说法，并辨别其所属的维度。我用粗体提供了简单的答案。你在每种情况下都站在客户的角度，对你的未来进行评估。

- 你对提案感觉很好，你公司有世界上最棒的激光方面的天才科学家。**（展望维度）**
- 国会议员想要尽快看到"点火升空"的演示，而且你听说他也会在选择提

案的专家组之列。**（指导维度）**

- 国会议员给你的客户（空军）施加压力，但空军认为其他项目更重要，所以要求这次演示开支最少为佳。他的下属及经理们的关注点都在成本与进度上。**（指导维度）**
- 你迅速请求你的领导组织一支提案团队，让最聪明最具创新精神的人员加入。**（展望维度）**
- 你听说竞争对手挑选一位经验丰富的经理人管理项目，采取的是务实的方式。**（指导维度）**
- 你有最先进的21世纪技术系统，但目前尚无预算内可行的模式。**（展望维度）**
- 你的人都信心十足。空军技术天才们非常喜欢你先进、可部署的系统概念。**（展望维度）**

这里的根本问题是什么？你选择了一个单一蓝色展望性格的人领导你的团队，他又选择了“蓝色”的人来组成这支团队，这支提案团队建起了一个“蓝色”文化场，于是愉快地写出了一份“蓝色”的提案。

然而，决策者完全与你的竞争对手契合，对手的团队处于指导维度的“橙色”文化。团队成员某种程度了解有些地方不协调，他们低估了社会背景，导致行为更加倾向于单一的“蓝色”。你能赢得这样的竞争吗？我猜够呛，除非你的竞争对手出现了重大的失误，你当然不能指望这种情况出现，他们与客户文化的一致性让他们具有了压倒性的优势。

当我用4D图表进行分析之后，我的客户马上明白了。他们与竞争对手接触，争取在技术方面进行合作。然后，他们又一起说服赞助商，使赞助商相信一支全国性团队（即两个承包商一起合作）对国家有利。于是，我的客户接到了他们渴望已久的“蓝色”工作，而那家公司则得到了他们想要的橙色领导的角色。如果不这样，我的顾客在竞标失败时就会损失惨重。

案例2：望远镜提案

让我们再看另一个案例。

- 客户想要一架用于远太空的8公尺口径耐寒（绝对温度30℃）望远镜，耗资5亿美元（哈勃是口径2.4公尺室温望远镜，耗资17亿美元）。**（展望维度）**
- 客户的团队里都是最优秀最聪明的科学家，他们在这个项目中拥有知识及能力优势。**（展望维度）**
- 你非常想要赢得这个合同，所以把一位刚完成一个复杂航空望远镜项目的经理放在了主管位置，由他为这个团队选择有经验的工程师。**（指导维度）**
- 客户把高科技当成唯一的成功途径，传统设计方案作为备份。**（展望维度）**
- 你的团队很清楚，经过检验的方法才是正确的。**（指导维度）**
- 你的团队相信最详尽的技术提案会成功。尽管这些细节越来越显示出客户理想中的预算令人难以置信，但你还是继续进行。**（指导维度）**
- 你的竞争对手把一个毫无硬件经验的科学家放在主管的位置上，他提出一种高风险、很先进的解决方案。**（展望维度）**
- 你肯定对手的提案不足以吸引客户，客户很快会选择你昂贵的传统设计。**（指导维度）**

你能赢吗？我觉得赢不了。你的团队是一支“橙色”的队伍，就像你自己一样，你们创造了一种“橙色”型文化。

你的客户和竞争对手都是“蓝色”。因此，你不会赢，除非他们出现重大的失误，而这几乎不可能。我的客户——那位“橙色”提案团队的领导告诉我，他明白怎么回事了，并对我所做的分析表示感谢。之后，他请我向他的团队成员简单介绍一下情况，大家都对我的观点表示赞同。我们达成一致，提案的底线是“蓝色”创新型、低成本的解决方案，“橙色”的传统方案作为备份。之后，我离开了几个月，去做其他的事情。

提案快完成的时候，这支团队领导打电话给我，邀我参加“红色小组”复审。

“红色小组”把提案与客户对提案的要求进行对比。在阅读他们的提案时，我震惊了。他们以“橙色”传统的解决方案为基础，而只是表面上用“蓝色”创新方案为备份。“你们到底在做什么？”我问他们：“你们写反了，你们会输掉的。你们还记得我演示过的4D分析吗？”他们说：“我们当然记得。”可是，他们却看不出自己已经误入歧途。

他们的“橙色”文化太强了，以至于他们完全看不到问题所在。很明显，他们的文化早已改变了他们的认知，比阿什的实验力量还强大。我不得不用黄色荧光笔，逐条划出那些有问题的部分展示给他们。然后，他们改变了提案，在项目提交阶段获得了成功。

在这个过程中，还有最后一次竞争，即争取最终开发合同。顾客专案团队以外界难以想象的速度从“蓝色”转变成了“橙色”。我们决定采用一种混合策略，既有向“蓝色”人员提供的更好的技术性能，也有向“橙色”人员提供的更保守的设计预算。

需要注意的是，你的提案团队文化必须与客户的文化契合，才能确保成功。提案团队历时短，而且是临时的。最有效的办法是选择一个与提案客户文化相一致的领导。对于技术性质的项目而言，团队文化必须是非蓝即橙。不论什么情况，你都可以使用表 7.1 中的简单测试工具及表 7.2 中的表来评估你的提案团队文化。

文化转型期间的冲突

正如前面讨论过的，项目——无论是空间站任务还是新住宅项目，所经历的过程都有非常相似的不同阶段。项目开始时属于规划阶段，由“蓝色”建筑设计师带领团队进行“蓝色”文化的项目研究。随着项目成熟，他们必须过渡到“橙色”建造商文化。我们经常会遇到处于这种转变期中的项目团队。

在转变过程中，团队经历到的是不断的低级冲突，蓝色展望型文化很勉强地把权力移交给橙色指导型文化。每种文化的代言人都气势汹汹地向对方发起挑战，蓝色展望型文化的人说：“如果你想让我们科学家接受你们未能尽心尽力做的事，简直是痴心妄想！”橙色指导型文化的人会说：“如果我们经理现在不严控所有要求而继续这样下去，随着成本估算的提高，项目就会被取消。”过一段时间，这些谈话就会演变为针对个人。而 4D 的洞见在于认识到，这种争论是非个人的而且是结构性的。如果你把为任何一方说话的麻烦人物请走，接着就有另一个人再冒出来。因为你目前的文化，处于冲突对立的过渡期。

假设指导型文化与一个永远不转型的蓝色展望型文化签约，那会发生什么事呢？我在前文提到过，哈勃具有极难达到的系统精准度。这需要望远镜的主轴在24小时内，指向太空任何一个方位时，都能达到0.007秒角的稳定性，这相当于瞄准200英里外一个25分硬币的秒角度。

我的前任告诉我，因为技术要求实在太高，他们害怕没有承包商敢投标。什么样的文化会签下如此艰巨的任务呢？深“蓝色”展望型文化会签，这一点毋庸置疑。

哈勃事故的最终答案

马歇尔太空飞行中心位于亚拉巴马州的亨茨维尔，具有日耳曼人的传统。中心第一个主任韦恩赫·冯·布劳恩（Wernher von Braun），是第二次世界大战期间德国火箭技术的开发者，因此，该中心自然是倾向橙色指导型的文化。

珀金·埃尔默公司（Perkin Elemer）曾赢得光学望远镜的组装合同，其中包括非常具有挑战性的用于望远镜瞄准和稳定的精密导航感测器。能泰然应对如此艰巨技术任务的，非蓝色展望型领导及其文化莫属。

因此，哈勃项目于1977年正式开始时，合作双方是深“橙”文化的马歇尔中心与深“蓝”文化的珀金·埃尔默公司。像任何项目的早期阶段一样，每个人对于项目都非常乐观，而且压力不大，NASA告诉珀金·埃尔默：“你们赢了！”珀金·埃尔默公司的人则回答：“谢谢。”

像所有大型复杂的项目一样，哈勃的成本被低估了，不断超支让每个人的压力都迅速升级。你能够想象过度指导型文化如何应对升级的压力吗？那些指导型心态的人是否会对蓝色展望型的承包商（大部分的实际工作是他们在做）说：“我们看得出你们陷入困境，对吧？要是我们减轻你们负担，放手让你们工作是否有所帮助？”

你知道，这种事情绝不会发生的。压力之下，我们更容易成为我们天性基础中单一维度的人。指导型文化在不知不觉中变得更加单一，忽视了其他三个维度。数据狗的饥饿感越来越强，他们越来越变本加厉地批评承包商。

那个过度展望型的文化又是如何回应这些攻击，以及拿更多食物喂养数据狗的要求呢？他们是否会说：“你们现在需要更多的数据吗？我们很高兴提供，整理更多的管理数据正好充分使用我们的时间，我们很高兴效劳。”你非常清楚，这样的事也不会发生。

随着哈勃的技术和成本问题越来越多，NASA 发号施令的这一边变得越来越沮丧（比“愤怒”这个词好听些）。终于，马歇尔向珀金·埃尔默公司投了一颗重磅炸弹，他们告诉珀金·埃尔默，如果他们不能按照规定的成本和规格完成任务，NASA 就准备在望远镜里放置柯达公司的备用镜片。这对珀金·埃尔默公司可谓奇耻大辱！

于是，他们采取了自保行动。那时候，康涅狄格州丹伯里工厂的绝大多数工作属于绝对机密。又正值冷战高峰期，中情局等国家安全机构不喜欢周围有 NASA 的人。NASA 几乎没有什么机密等级，他们的人想说什么就说什么，几乎没有什么人意识到他们的项目是有机密等级限定的。对珀金·埃尔默公司来说，阻止 NASA 的人进入工厂是件很容易的事。我至今还能回想起参观珀金·埃尔默公司工厂时很不舒服的感觉，有股阴森森的气息。

随着时间的流逝、成本的增长，珀金·埃尔默公司看上去无法完成光学望远镜的组装。最终，我们派遣了一大批人员进驻珀金·埃尔默公司的工厂，对相关人员进行管理。杰瑞·理查德森（Jerry Richardson）任组长。我在他进驻一段时间后，给他打去电话，问他问题出在哪里，他说：“我们的问题是，无法适时适地得到人员、纸张和零件。”还有比这更能显示出橙色指导型文化的欠缺吗？望远镜的组装终于完成，被送到加利福尼亚的桑尼维尔（Sunnyvale，California），与洛克希德·马丁公司的航天器整合在一起。

这个故事中最重要的信息是，我们反复与珀金·埃尔默公司的管理层谈论文化的不协调，我们做过很多尝试，我们换掉了一些经理，避免对珀金·埃尔默公司的事业造成不必要的伤害，因为我们当时不明白文化作为背景的力量有多大。从现在的观点看来，当时那种做法似乎有点幼稚。

在这个过程中，珀金·埃尔默公司曾指派一名包融性格的人与 NASA 打交道。显然，这不是办法。如果那时就有 4D 分析图，我们就会节约数千万美元，我们只需几分钟时间，就能抓到问题的关键。我们需要做的就是，把一位强有力的橙色指导型领导放在珀金·埃尔默公司的管理位置上，这样就会把珀金·埃尔默公司的文化转向它需要去的方向——橙色指导型。如果我们那时有全套的 4D 系统，我们就会对团队和个人进行评估，把他们拉回到良性运转的轨道上来，如果那样，瑕疵镜片根本就不可能出现!

正如我早先所说，NASA并未因为发现瑕疵镜片而指责我，因为在珀金·埃尔默公司制作出瑕疵镜片时，我还没有在天体物理部门工作。我用了好几年时间才意识到，我就如那个没有正确放置镜片矫正器的技术员一样应该受到责备。当珀金·埃尔默公司隐瞒镜片问题的测量结果时，我已经是NASA天体物理部门的主任。在哈勃有瑕疵的社会背景形成过程中，我始终都在。

小结

任何一个团队或组织都有一股无形的力量在影响其成员，就像磁铁对铁屑的影响一样。幸运的是，我们能够利用4D系统来诊断文化，就像我们用它对个人天性做出诊断一样。

领导的天生性格，往往左右特殊任务团队（例如提案团队）的文化，因为我们常常选择与那些和我们一样的人打交道。项目团队文化在早期需要“蓝色”，然后，随着项目成熟会转向“橙色”，那样工作效率才会提高。创办人的性格与核心营销策略，左右着大型组织机构的文化。绝大多数商业文化属于“橙色”，因为多数消费者会购买低成本或高价值的产品与服务。

要改变文化，你有几种选择。首先，利用本章中的内容选择一种助你成功的文化——培养型、包融型、展望型或者指导型，然后从两方面着手：

1. 选择天性与所需文化契合的领导或团队成员。然后，利用本章中的文化诊断工具，判断团队文化是“蓝色”还是“橙色”。技术团队通常会属于侧重逻辑面文化。
2. 看一下你在表7.1中评量6个因素的分数。从最不符合的那方面着手工作。例如，因素1是“你把权力给了谁”，你的选择是“蓝色”奇才，或“橙色”等级分明的领导者。

如果你想要更多“橙色”，那就进行基础建设——组织结构图、角色、责任与授权的分配（角色、责任与授权在团队和个人评估中都有衡量）——并且以“橙色”的方式做事。

如果你想要更多“蓝色”，应在组织中简化结构和等级，并奖励技术方面的卓越成就。

最后，像前面我们讲的如何变得更“橙”那样，从三个层面努力使团队文化向“蓝色”或“橙色”方向发展：个人层面、管理层面和创造客户价值层面。

第八章
调整项目心态的颜色

这短短的一章有多重要？这么说吧：如果你在本章的问题上做错了，无论你在其他方面做了什么，客户都会认为你不能胜任。约翰·卡萨尼（John Casani），美国NASA喷气推进实验室最棒的项目经理之一，几年前所做的一场演讲，让我领悟了这个道理，他是这样开始的："我想解释一下，为什么有些项目经理会因为成本从4亿元增加到4.1亿元就被解雇，而另一些经理把预算从3.5亿元增加到7.5亿元却获得了奖章。"约翰的演讲来自1993年NASA的一项研究，该研究项目由CSP联合公司（CSP Associates）主持，被称作"科学计划合约研究"。我把他的想法放进了4D框架里。

我们之所以要强调项目，是因为在大多数组织机构里，无论是航天公司还是制药公司，都通过项目创造价值。简单地说，项目就是有开始和结束日期的活动，这些活动通常有明确的生产阶段。如果你对项目兴趣不大，你可以直接跳过本章阅读后面的章节。

图8.1展示了项目经理的三角，蓝色绩效在顶端，橙色基础在底端，成本和时间表分列底端左右。用最简单的话说，项目经理必须在可接受的风险内，在绩效、时间表及成本这三者之间取舍。

"蓝色"心态与"橙色"心态

技术团队在项目早期，通过选择或者顺应自然，接受橙色指导型文化或蓝色展望型文化，这个选择非常重要，因为适合一种心态的结构和程序对另一种心态

图8.1　项目经理的三角

却不合适。下面是这两种心态明显不同的地方：

- 对成功的定义：对于“橙色”，是兑现成本和进度的承诺；对于“蓝色”，是出色的绩效。
- 风险接受能力：“橙色”比“蓝色”更愿意为了控制成本而不是去冒险实现最终绩效。
- 流程所有权和控制：“橙色”往往比“蓝色”对项目及其流程有更多的监管和控制。
- 激励机制与绩效评估标准：“橙色”在项目成本和进度上奖励；而“蓝色”则在达到或超过要求标准时奖励。
- 参与者如何交流：“橙色”项目有完善的文档和严谨的归档程序，严格按流程和等级管理结构做事；“蓝色”项目更喜欢非程式化的信息传递，经常采用非正规渠道传递信息。

在“蓝色”心态中，绩效是主导，而成本是其次的，时间表很灵活，除非受到其他因素的限制，例如行星发射窗或更换损坏的气象卫星，蓝色绩效心态会为了减少风险而自由支配资金。

赞助者会抱怨，并经常因超支而解雇项目经理，不过资金还是会继续到位。对于一个“蓝色”大型太空项目，成本比原来预计增长两三倍是司空见惯的事。赞助者会认为这些结果值得花那么大的成本。成本是应变因素，因为成本增加也是为了实现（有时甚至是为了超越）绩效要求。

比如哈勃望远镜项目的最初预算大约是4.5亿美元，而完成时竟然花了17亿美元！偶然解雇一个人会使项目参与者感到不安，但大家从未认真想过要取消项目或是为了降低成本而增加风险，例如省略系统测试。“蓝色”心态的客户对最高回报的渴望一直稳居主导地位。

在“橙色”心态中，成本占据主导地位，而绩效则维持在可接受的最低标准水平。管理层尽力压缩时间，因为这样可以压缩成本，否则风险会慢慢提高。橙色指导型心态项目的赞助者，会因为相对较小的成本增长而解雇项目经理或取消项目。赞助者的预算和他们对机会成本的关注起主导作用。

错误心态的后果

邀请你的团队成员使用3×5的卡片进行投票，看看不同的权益人看待项目的心态。对投票计数并且用表8.1的方式显示出来，如果有必要，可以增添栏目，如赞助者、团队成员、分包商等。

表8.1　权益人对绩效与成本的态度

	我们的团队	我们的客户	其他
绩效			
成本			

有些人主张把时间表作为第三个栏目与绩效和成本并列，我个人倾向于不这样做，因为经理在成本心态下会尽量压缩时间，而在绩效心态下则会随时改变时间。不过，如果有人坚持要求，那就包括进来。

在4D工作坊中，学员会做这项练习，结果都很有趣，并且经常很有启发性。我第一次在工作坊中介绍这个简单的诊断工具时，我原以为会很单调。结果却相反，这项练习比其他活动都更有戏剧性，从以下的案例中你会看到。

心态不一致危及大型太空项目

一项总经费高达数十亿美元的太空项目，要我为项目负责单位和两家承包商举办工作坊。每个参与者都依照刚才介绍的练习填写了3×5卡片，然后进行秘密投票，其结果令人震惊。大多数人认为两个承包商是橙色指导型，而政府的项目办公室是蓝色展望型（我们早就诊断出政府领导的性格基础是蓝色了）。此时，每个人都看到项目要经历持续的超支。他极具影响力，整个管理团队都受到他的“蓝色”心态影响。他的要求不断攀升，而预算也会不断增加。另外，考虑到项目的巨大规模，将来会有重大而痛苦的政治后果。实际情况也正是如此，直到上级权力机构把关键的人员换掉了（我推测，应该换上一位橙色领导）。如果不是关系到国家的需要，国会肯定早把这个项目取消了。

心态不一致引发戏剧化情节

项目工作坊一直在正常进展，直到我们开始做这个练习。有趣的是，该项目团队给自己打分是“蓝”“橙”混合型。一位高级经理站起来说：“我想知道这个房间里谁认为这个项目的模式是‘蓝色’的，因为我在管理最重要的部分，而我的行动是百分之百的‘橙色’。”他的老板，那位项目经理站起来说：“我给的分是‘蓝色’，因为我就是这样认为的。”争吵之后，那位高级经理离开了工作坊（后来，给他打了几个电话，他又回来了）。

另外一位高级经理也开始叫嚷起来，然后，他走到房间的后面，躺到地板上，好像谁在欺负他（我可不是在编故事）。这些情况引起了管理层的注意，最终换 掉了项目经理。在这里，我们再一次看到了这个简单诊断工具的力量，它可以揭示潜在的社会背景。

在新的管理下，该团队的重新评估分数提升了几个分位。然而，我并不认为这个项目最终会成功。也许，如果我们早些做这个工作，他们就会取得最终的成功了。

小结

这项练习非常容易，而且有启迪作用。

把表8.1的表格画在白板上，在“客户”和“其他”栏填上你使用的真实名字。对于NASA项目，我愿意标注“总部”（客户）、“项目”（NASA项目办公室）和承包商（把每个承包商的名字分别标注，尤其在他们有成员在场的情况下）。然后给每个人发一张3×5的卡片，请他画同样的图表。然后，让他们投票，在他们认为的主导心态/模式上画“X”。收集卡片，并在白板上计数。一场热闹的讨论肯定会随之而来。

第四部分

静悄悄的管理革命

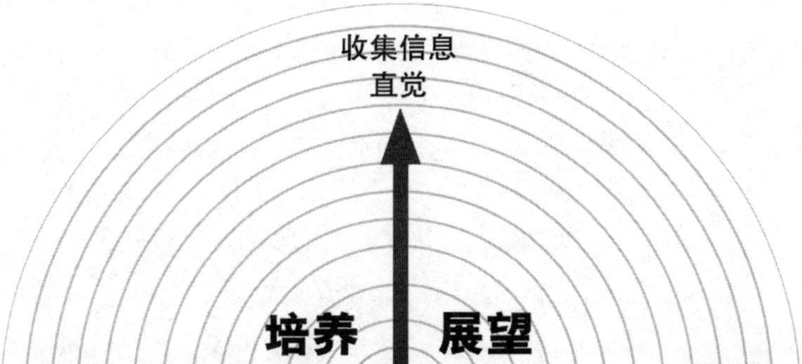

第九章

背景转变工作表（CSW）

4D资深教练亚历山德拉·罗斯打电话给我："查理，我要告诉你，背景转变工作表是最神奇的东西，我百分之七十的辅导工作都用到它。"

这个简单工具的神奇功效在于，它能在临时背景中转变人们的注意力和心态。我会带你了解一个真实的背景案例。表9.1展示了这个工作表。

表9.1　背景转变工作表（CSW）

1：做好准备：

- 背景：__________
- 我渴望的结果：__________
- 我们剧中的情节：__________
- 他们剧中的情节：__________
- 我们对情境的感觉：__________

2：培育维度—感激

☑ 对于他人和情境，我/我们有什么是可以感激的？

☑ 什么是他们想要的，同时也是我们能使他们得到的？

4：愿景维度—创新

☑ 从乐观转向希望，有哪些实事需要说明？

☑ 我们是否百分百投入去实现结果？

3：包融维度—可信

☑ 做这件事我们需要包融谁？

☑ 有什么协议我们必须信守，我们曾违反而现在必须处理？

5：指导维度—回应

☑ 有什么"戏剧"状态我们需要避免或走出来吗？

☑ 是否有个人或团队层次角色、责任与权利问题需要处理？

我们将要采取的具体行动或提出的具体要求：__________

背景转变工作表——提案团队为口头陈述做的准备

几年前，我辅助一位承包商去竞争一个十亿美元的很难赢得的项目，他们在准备向客户做最后的口头陈述。我的客户请我指导他们在准备工作中使用背景转变工作表。我在约定时间拨打电话，原以为除了我的客户，也许只有一两个人在，没料到大约有十五个人参加这场电话会议，其中很多人对4D系统一无所知。

我用以下方式指导他们使用背景转变工作表：

- 他们描述的情况是："我们要争取NASA的一个非常大型的项目，竞争非常激烈，我们的竞争对手一直多年垄断这个领域。"
- 接下来，他们描述了期待的结果："我们想要赢得项目。"受到激励之后，他们又说："我们还想要一个不错的合同，既可以取悦客户、享受工作环境，又可以为公司赚取合理的利润。"
- 他们在剧中的故事情节是（第十章）："我们能通过合适的提案赢得这个项目——只是不太容易。"
- 他们把剧中客户的故事情节定为（也是第十章）："他们认为我们很傲慢，这对我们毫无助益。"我们就如何改变傲慢态度谈了一会儿。
- 他们对境况的感受是："竞争已经临近尾声，我们觉得有点焦虑不安。"（你会在"第十一章——团队的情绪管理"中学会把这种情绪划归害怕情绪类型。）

我然后在一张纸上画了一个横坐标和一个纵坐标，并开始解释四个维度的代表意义。接下来的时间里，我对工作做了简短的总结。

我一贯的做法是从绿色培养维度开始，我问（第十二章）："你们在哪些方面真诚感激过客户？"团队领导人立即回答："没有。"我说："让我看看我是否理解无误。你们正在准备一次陈述，想要赢得一个多年的工作关系，难道你们不认为他们会看出你们并不重视他们吗？"团队立即理解了我要表达的信息。

过了几分钟，大家都在绿色培养维度写下："我们感激你们的评估过程透明和公平。"

我继续就培养维度的"共同利益"部分询问："有什么是客户想要的也是我们能给他们的？"我们很快写道："一个像客户那样重视任务科学性的承包商。"（随后，大家在书面提案中增加了一页，附有竞标商主要人员照片以及他们如何重视项目科学性的陈述。）

到了黄色包融维度，我问："有什么方式可以对客户表现得更加包融？（见第十四章）"没有人回答。然后我问："你们是否曾违反什么协议，到现在还没有解决？"他们花了几分钟的时间找出来。你可以使用第十五章内容，按照重建诚信的步骤，采取行动就能解决类似问题。

到蓝色展望维度，我问："在创造性解决问题方面你们做得怎么样？"团队领导马上回答道："我们没有时间搞创新。"我还没来得及说话，一名团队成员说："别这么快下结论。"我然后问道："是否有什么事实让人感觉不太舒服，而此前你并不愿意谈的？"有人回答说："有一个有关热力学方面非常棘手的任务，我们的热力工程师没有客户那边实力强。"有人插话说："我记得以前一个提案出现过类似的情形。我们承认了这一点，说在我们赢得项目之后，会立刻把热力团队带来与他们的团队见面，进行一下交流。如果那次有效，这次也应该行。"我说："哇，你把'包融'、'避免掩盖真相'还有'感激'都结合在一起了，真是一举三得呀！"大家都继续写下去，完成了整个背景转变工作表。现在，我相信你一定已经理解了我的意图。

那么，背景转变工作表流程又是怎样实现转变背景的呢？准备做陈述的人基本上还是照常准备他们的陈述报告。只不过，他们已经完全转变了注意力和心态。例如，在"表达感激"的部分，他们把对客户的真诚感激填入了原本空白的地方。我非常确定，这些转变在事情的发展过程中自然显现。

事实上，那次口头陈述效果非常好，我的客户最终被选上了，尽管他们技术分数平平，可能成本也比较高。提案本身与人密切相关，和任何其他与人相关的事情做法几乎没有什么区别。我相信，客户在很多时候在打开文件之前，就知道他们会选择哪个提案了。以下是另一个案例。

拿到拒付的300万美元

我的朋友吉姆打电话来请求我的帮助，他很沮丧。他刚从成功完成一项航空任务的客户那里返回。虽然谈不上尽善尽美，客户对他的团队工作还算比较满意。不过，至今还有300万美元的奖金一直未付。他的期待是，即使不全部付清，也应该大部分付给他们。客户告诉他不会付给他们这笔费用，因为刚刚发现卫星数据分析的费用比之前的预期高出很多。他问我有什么建议，他找到我是因为我和他的客户之间长时间保持着非常友好的关系。我猜他对我讲的话一定会感到非常惊讶，我告诉他，说服客户有效的办法是转变他自己的思维模式和心态。我向他解释说，思维模式和心态如何在人们的对话中掩盖了事实。在他目前的思维状态下，完全无法避免权力斗争（查理的两条法则：1. 避免权力斗争。2. 如果你没有权力，就不要斗争）。

他明白了这一点，开始与我们的一位超级教练亚历山德拉·罗斯一起想办法。他们在接下来的星期五使用背景转变工作表讨论了一个小时，罗斯为他安排了一些周末行动项目。他们又在接下来的星期一谈了一小时，因为与客户的会谈在星期三举行。后来吉姆给我发来一条短信："真是太神奇了，我不仅得到了大部分费用，与客户的关系还又进了一步。"（从此，亚历山德拉在我们内部有了"神奇"的昵称。）

小结

你可以请一位4D认证教练或顾问来指导你使用流程，你当然也可以自己来做。我相信，如果你已经读过并且消化了本书的核心信息，你就能很容易带领自己的团队进行背景转变工作表分析流程。

下面是一些典型的应用情况：

- 任何人际关系问题；
- 当你想要影响他人或者组织，让他们提供你想要的东西（回顾一下此前的案例，如何保证利益和赢得提案）；

- 当你想做一次强有力的演讲（回顾一下我对总统演讲的分析）；
- 当你想要告诉他人一些坏消息（回顾一下斯吉普的话：“压力之下，人们会用最有毒的情绪或不健康的故事情节填满被忽视的维度”）；
- 当情况看上去好像无路可走，并涉及某种人事或组织层面时。

第十章
故事情节制约团队绩效

领导力主要来自心态

几年前，我读到沃伦·班尼斯（Warren Bennis）写的一段话："从累积的研究资料看……目前没有一种品质或特征在预测领导力方面有什么价值，真的没有，甚至智力也不能算。"这真耐人寻味。如果领导力与什么都没有关联的话，我们又如何能够培养有效的团队领导呢？难道我们的探索无望了吗？

尝试一下这个练习，把你仰慕的所有伟大领导的名字写在一张纸上。这些人可能是历史人物、亲属、工作中的同事。你写谁并不重要，这只是为下一步做好准备。

接下来，列出他们成为伟大领导者的品质。工作坊的学员一般都会写下类似的品质，比如诚实、勇敢、有远见、善于沟通、果断、值得信任、纪律性强、做事有条理且富于同情心等。

现在，不用想那么多，把这些品质分类，看看哪些倾向于技能方面，哪些倾向于态度方面。你会从中发现什么？得出的结论大致相同，你会发现态度比其他方面重要得多。

而很多领导力培训是关于技能方面的。这就是为什么人们会说"领导力是天生的，不是培养出来的"。当领导力主要来自态度时，而你把培养重点放在技能上，肯定不会有效的。那么，为什么没有多少培训师培训态度呢？我猜那是因为他们不知道该怎么做。态度看起来神秘且难以捉摸（以下，我们使用"心态"来代替态度这个词）。我们用4D系统把心态简化为两大可管理的组成要素：思想和情绪。

我在NASA总部工作期间，一个分公司的员工反复抱怨老板不把工作分配给他们。这位老板一切都亲力亲为，但同时又抱怨自己工作量太大。我跟他谈到如何授权，他承诺说一定会进行调整，可是效果不大。

于是，我把他送到一个讲解授权的课程班去学习，他稍有长进，但很快又回到了从前的老样子；我又把他送到更长的一个课程班去学习如何授权，结果还是一样；后来，我把他送到一个长达六周的课程班去，结果依然如此。（我想起了那句名言："愚蠢的定义就是，重复做同样的事却期待不同的结果。"）

最后，我明白了。他的问题不是出在对授权的理解上，他是个聪明的科学家，这与他的关注点和心态有关。遗憾的是，当时我还没有能帮助他转变的方法。现在好了，我可以利用4D系统。

我们再一次使用4D系统，把像心态这样模糊的概念简化为能够描绘和管理的两个实体。在图10.1中，我们把4D系统用于心态分析，揭示出心态的基本组成是情感和思想两部分。该图像传递了另外一个重要信息——我们在大脑皮层这一薄薄的地方启动并且管理我们的思想；而情感则恰恰相反，是我们身体的感官感受，与具体的身体部位相关联，比如，压力可以从咬紧牙关表现出来。

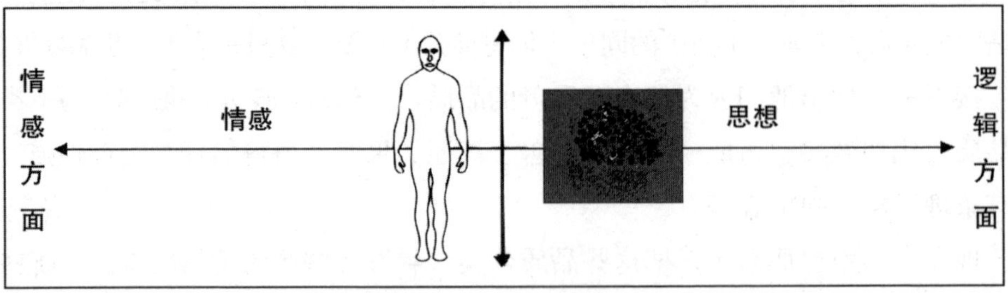

图10.1　心态4D分析

我们先从话语开始，而话语是我们形成意见并表达思想的方式。

认识"故事情节"

讲故事就是把词语连接起来再表达出去，是影响他人最有力的工具。正如

《约翰福音》中的一句话："太初有道（word），道与神同在，道就是神。"

米盖尔·鲁伊兹（Miguel Ruiz）写道："只有通过话语你才能展现一切。话语是最美好的工具，话语是神奇的工具。"

哈佛大学教授霍华德·加德纳（Howard Gardner）在其著作《领导大师风云录》中写道："领导人主要通过他们讲述的故事来成就他们的领导力。"

这里简单概括一下"故事情节"。其逻辑发展极为缜密，所以我用纲要形式来介绍：

- 韦伯词典对于"故事"的定义："讲述真实发生或虚构的事情，带有告知或说服的意图。"
- 我们把"事实"定义为毋庸置疑。
- 我们把"故事情节"定义为看上去似乎是真实的思想或表达，但实际上是值得推敲的。
- 尽管我们的"故事情节"看似真实，但从定义上看却不是事实。

你会发现，其实我们所表达的思想大部分只是故事情节而已——对我们来说是真实的，而对他人而言就未必了。尽管如此，故事情节对我们具有强大的影响，想到它们（自我对话）时会影响自己；讲述它们时，影响他人。很多人不知疲倦地滔滔不绝讲着故事，你会觉得他们令人厌烦。对于这样的人，我们有一些有效的应对方法。

如何加工故事情节

还是采用重点罗列的方式：

- 因为我们的"故事情节"可以质疑，所以对他人而言可能是真实的，也可能不是真实的。
- 和我们想法一致的说法听起来感觉是真的，会有一个低低的声音在耳边响起："这是真的。"意思是我同意你说的。我们喜欢和我们相似的人，这种倾向我们称之为“同质性”。

- 和我们想法不一致的说法听起来感觉是错的，另一个低低的声音在耳边响起：“这只是他们的故事情节而已。”我们感觉有想要争论的冲动。

我鼓励人们对他们有共鸣的故事情节以玩笑的口气说：“你说的是真的。”相反，对他们不认同的故事情节说：“这只是你自己的故事情节而已。”这么做很有意思。

世界宗教是事实还是故事情节?

世界上的各种宗教都引人关注，因为他们栩栩如生地讲着“故事”，使信徒们确信那是神的真理。我们常常攻击那些讲我们不认同的故事情节的人。最令人难以置信的是，因为某些人的宗教故事情节我们不喜欢，我们就向他们发动战争。

马克·吐温曾在其作品《来自地球的信》(*Letters from the Earth*)中这样写道：

> 人是信奉宗教的动物。
>
> 人是唯一信奉宗教的动物。
>
> 人是唯一拥有真正宗教的动物。而且事实上，有好几种宗教。
>
> 人是唯一爱邻如己的动物，但如果邻居信仰邪门歪教，他就会切断邻居的喉咙。人竭尽全力为兄弟开辟通往幸福和天堂的大路时，却把地球变成了坟墓。

宗教的故事情节，对那些信道者是深刻的真理，对那些反对者却能引发冲突。

动机是错的

开发4D系统前五年左右，我有一半时间花在了咨询上。有一天，我接到了我最喜欢的一位客户的电话：“你能否马上过来一下？NASA的一位中心主任想要取消我们的合同，我们需要你的帮助。”

我们在几天后见面，我问他：“他为什么要这样做呢？”

- 布鲁斯首先发言：“我们的竞争对手又搞定他了。每次我们打败他们后，他们就再去找客户，企图把我们的活儿抢走。”
- 山姆：“哈里从来不喜欢我们公司，我不知道为什么，但他就是不喜欢我们。”
- 雪莉：“他所关心的一切就是政治。哈里一直在寻找政治上升迁的门路。”
- 弗雷德：“他只听从上面的命令。NASA的长官让他这么做的。”

我说：“这就有趣了。你们对于中心主任的意图有不同的说法，那么我们应该依据哪个人的说法才好呢？我对你们的看法表示怀疑。我已经和你们共事几年了，我注意到了你们每个人的特点：

- 布鲁斯，你在每棵树后都能看到竞争对手。
- 山姆，你经常以为某个人不喜欢你们的公司。
- 雪莉，你总是不同寻常地喜欢政治。
- 弗雷德，你从来就没喜欢过NASA的主管，因为你几年前和他发生过口角。

“这些话更像是在说你们自己，而不是在说中心主任。心理学家把这称为投射。你们每一个人都把自己不喜欢的思想或者情绪投射到他人身上。想象一下，你们的头脑里有个巨大的投影仪，闪现出的一幕一幕都是你们的世界观和偏见。”

接着，我问他们：“是否有人问过他，他为什么要这样做呢？”雪莉说：“我问了。”我问：“他怎么说？”“他说他需要灵活一点，以适应削减预算。”“好吧，对我而言，我完全理解。每一个科研项目都在因‘挑战者号’失事而推迟发射，所有项目都在严重超支，而此时他正在总部。”

经过短暂的讨论之后，我们决定就中心主任的话语做出回应。幸运的是，我的客户对于如何适应削减预算准备了一个好故事。在与主任见过面后，他们打电话向我汇报：“会谈进展顺利。他承认他的确想要取消合同，但他说我们应对预算削减的策略让他感动，他现在不可能取消这个合同了。”

几个月后，我听了罗伯特·库珀（Robert Cooper）在鲍尔航天公司做的一次报告。他引用的研究指出，关于他人动机的说法有95%是错误的！你愿意为只有5%正确率的重要事情下很大的赌注吗？你一旦注意到自己在讲他人动机时，请立即停止。

管理“故事情节”

管理“故事情节”是一个四步（AMBR）流程：

1. 关注（A）：注意并依据他们引发的行为，认定故事情节是“绿色”还是“红色”。“绿色故事情节”（这里的“绿色”与培养型的“绿色”毫无关联）可以持续产生高绩效；“红色故事情节”则影响绩效。
2. 心态（M）：你和你的团队需要“绿色故事情节”才能表现良好。
3. 行为（B）：只讲“绿色故事情节”。
4. 结果（R）：认真管理团队背景，从而提升绩效。

美国一个重要产业在外国竞争对手的市场份额超过了65%时，才不得不改变故事情节。你可能已经猜到这是哪个产业了。美国汽车制造业总是讲这样一句话：“提高品质意味着提高成本。”这样会产生怎样的行为呢？而日本丰田公司这样讲：“提高品质是降低成本的最好方式。”这样的说法又会产生怎样的行为呢？哪种看法会导向成功呢？

练习给故事情节上色

我喜欢亨利·福特的一句名言：“无论你觉得你能做还是不能做，你都是对的。”试着区别一下“红色”或者“绿色”。做起来很容易，或许有助于建立你的自信。

1.提高绩效对我而言应该归为“太难”一栏。

2. 谁要有燃烧般的渴望，谁就能活在最高五分位。

3. 我团队的社会背景不重要。

4. 没有关注到社会背景是哈勃、挑战者号及各类灾难的根本原因。

5. 没有什么理由把优秀人才放在不合适的位置上。

6. 我们以后再处理管理和结构问题。

7. 我们正在做的事没那么重要，不用做得很好。

8. 我们没有借口不做到最好。

9. 这里没什么有优先权。

10. 我有责任安排自己工作的先后顺序。

11. 我无法让老板听我的，所以我就不再尝试了。

12. 我会全力表达自己的想法，直到被人理解为止。

答案：1. 红。2. 绿。3. 红。4. 绿。5. 绿。6. 红。7. 红。8. 绿。9. 红。10.绿。11.红。12.绿。

选择绿色故事情节

我们都会向他人表达想法，那些表达有力地影响着行为。很多是可以质疑的，因此也就不是事实，尽管对于我们来说好像是真实的，但那都是我们的故事情节。既然故事情节不完全是真实的，我们就可以自由选择。唯一真正重要的是，

故事情节为我们自己和团队成员创造的背景。我们把产生高绩效背景的故事情节定义为“绿色”，把产生低绩效背景的故事情节定义为“红色”。你可以决定从今天起只讲“绿色故事情节”。

我听说，在南美洲人们抓猴子的时候，把香蕉放进带网的筐里挂到树上。猴子闻到香蕉味，去够香蕉，手伸进去后，被机关卡在那里，无法抽回来。那些逮猴人就一个筐一个筐地去捡那些抓着香蕉的猴子。

故事情节就像这些香蕉一样限制着我们。放下它们有时会很难，尤其是它们一直陪伴我们左右，从小就已经和我们在一起。有些故事情节，如果没有教练帮助，是很难放下的。

技术团队中烦人的故事情节

在技术型组织机构中，有很多单一的“蓝色”性格，这些人最喜欢的沟通方式就是争论。而且，很多人只是为了争论而在滔滔不绝地讲一些故事情节而已。你可能认为他们的争论让人厌烦，可是他们自己却乐在其中。

另外，我们在后面还会描述，人们在戏剧状态中会设法把你卷入到他们的故事情节“俱乐部”中。比如，受害者会让你也觉得情况没救了，这样，你就会证明他们的无助。指责者想要你加入他们，一起责怪某人。

那么，你应对那些烦人的故事情节有什么最好的策略吗？你是否要与他们争论，让他们设法放弃那些说法？这个办法很少起作用，有时甚至连你也陷进去，正如他们所愿，同时浪费你的时间和精力。如果你对他说“这只是你的看法而已”，肯定又会激怒他。我所知道的最简单的有效回应是：“假如我们按你说的去做（如果他们对我们的专有词汇不够熟悉，你可以把‘故事情节’用‘提议’或‘主张’来替代），会得到什么样的结果呢？”下面这个练习对你呈现和改变故事情节会很有用。

团队故事情节练习

所有团队都有故事情节，无论是关于自己，还是关于客户、管理等其他方面。两支团队在同一个工作坊里需要合作时，公开讨论故事情节尤其有用。例如，我们经常组织政府团队与他们的承包商团队一起讨论。

如果你的组织方面出了问题，试一下这个练习。把双方代表请到一个房间里。就NASA团队而言，双方经常是NASA项目团队和他们主要的承包商团队。让你一方的人把别人讲的关于他们的故事情节写在白板上，人们很愿意讲他们认为别人在说的那些令人不快的故事情节。这个练习通常会给现场带来幽默的气氛。最有趣的部分是，人们讲述的故事情节并不是什么秘密，而是所有人都知道的事。然后，让学员根据这些故事情节产生的行为在上面标上绿色或红色。

由于故事情节的背景也很重要，有时会让特征并不明显。例如：“与NASA

项目经理合作很困难。”因意图不同，颜色可能是绿色也可能是红色。如果意图是“因此，我们必须找到更好的方式”，那么就是绿色的；如果意图是“所以，我们就放弃”，这时就成“红色”的。在工作坊期间，我们要问清楚，说话人在表述时是什么意图。

现在讲几个实例。首先，以NASA团队应对其承包商讲的关于他们的故事情节开始：

- NASA不想给我们合理利润，因为他们要拿这些钱去补偿项目的超支部分（这是“红色故事情节”，因为它引发对抗）。
- NASA的人把它转变成了“绿色故事情节”：“这根本就不是真的。我们理解，你们做生意需要合理利润，那就好好工作赚取你们的合理利润吧。”
- 如果我们带来坏消息，NASA的人就会抨击我们（这样的看法致使承包商隐瞒问题信息，所以也是“红色故事情节”）。
- NASA的人这样回应：“这确实有一定的道理。但如果你们完全开诚布公，对我们说实话，我们也会讲道理的。”这样就把故事情节变成了“绿色”的。

继续这样的练习，直到找到五到十个故事情节。

现在交换，让承包商讲一下NASA那边关于他们的故事情节，以下有几个例子：

- “你们背后说我们钻到钱眼儿里去了，这让我们很生气。”你能看出这也是“红色”的吗？你还记得故事情节不准确的概率是95%吗？他们说：“真实的情况是，我们和你们一样迫切关心项目的成功，我们也是骄傲的人。”
- NASA的人回应：“我们相信你们的话是真的，我们不会再讲那样的话了。”

工作坊结束后，经过他们的办公室时，经常听到这样的话：“如果我们抱持那样的故事情节，会得到什么样的结果？”这真的让我很开心。

改变故事情节拯救项目

一个10亿美元的项目正经受着极大的压力，从客户那里传来的信息是，要求整个技术团队加快进度，同时削减开支。除了来自NASA主管的指令以及限期10天回复之外，客户没有提供更多其他信息。项目经理气坏了："他们怎么能这样对待我们？本来这事就做不下去，现在他是想整我们吗？和这个人打交道就是没好事，我现在就想辞职。"

拥有4D思维的格雷格说话了："老板，我注意到你的故事情节有两方面含义：第一，它们是'红色'的；第二，你在为客户的动机做假设，这种假设有95%是错误的。进一步说，如果我们与客户采用这样的故事情节对话，我们的回应态度是愤怒，而且没法沟通的。（你还记得查理关于权力斗争的两个原则吗？ 1. 避免权力斗争；2. 如果没有权力就不要斗争。）在这儿谁才是权力方呢？是客户。"

老板回答："格雷格，你说得对，那我们怎么把它们变成'绿色'的呢？"格雷格说："我们就这样讲'绿色故事情节'吧。他必须向主管做出让步才能挽救这个项目，我们应该感激他这样做。进一步讲，这显示出他对我们能力和努力的足够信任，因为这种信任，我们也应该感谢他。"

项目经理在随后的会议中讲了这些"绿色台词"，客户证实这些台词说得没错。这些台词变化是背景转变工作表应用过程中很重要的一部分，结果使利润率从67%增长到了96%。

动物也有故事情节

我过去经常到犹他州的莫博骑山地车。一天，我来到一个挡牛的钢铁护栏处，横杆之间有空隙。很显然，牛不敢过去因为怕伤到腿。

几秒钟后，我穿过了一处只是涂了油漆的类似的地方。没有护栏，只是在路上用油漆画了线而已。我停下来问当地的农场主这样做是否有效，他说："画上去的和真的同样有效。"我猜是因为牛的视力不好并且认知能力很差。它们一旦体验过真实的痛苦，就会形成认识，连画的线也害怕了。

有关专家告诉我说，即使那些没有体验过的牛也会如此。我对牛在这件事上的心理现象并不感兴趣。关键是人也像牛一样会经常坚持没有理由的害怕，但也不愿放弃的故事情节。

事实面前避免争论

我们多数人认识一些喜欢争论的人（这些人通常是蓝色类型）。你愿意以一种避免争论的方式和他们交流吗？这很简单，告诉他们一个毋庸置疑的事实。最简单的事实就是你自己的经验。

让我举几个简单的例子来说明。这些论断哪些是事实（毋庸置疑），哪些是故事情节（可以质疑）？

- “这个房间太热。”
- “这个房间对我来说太热。”

或者

- “你的评论愚蠢而且多余。”
- “哎哟，你的评论让我伤心。”

或者

- “你孩子的行为令人无法接受。”
- “我对你孩子的行为感到很不舒服。”

你能看出那些毋庸置疑的事实是如何打开沟通空间的了吧？说出你所体验到的事实，就能在不引发争论的情况下表达你的想法。

请讲出毋庸置疑的事实

某个项目在技术上极具挑战性，团队的压力非常大。很多团队成员是来自斯坦福大学的“奇才”（比如拥有博士学位的“蓝色”物理学家）。这些技术天才经常意识不到自己如何影响别人的情绪。

团队发展评估报告中，显示“本”是个特别麻烦的人物，有许多关于他的负面评价。但我并不太担心这些，我已经做过上百次类似的工作坊了，什么没有见过呢？我那时就是这么想的。

工作坊期间，本一直在举手发言。一天之中，我接到了来自本无数次的挑战，有时还有他的朋友杰克。那天，我正在演示一张幻灯片，说明爱因斯坦是怎样一个过度直觉者。我举的例子是，爱因斯坦忽视了埃德温·哈勃（Edwin Hubble）关于宇宙空间扩张的论文，而一味相信自己关于宇宙稳定状态的直觉。我也是很久以前在某个地方读到过这个事例的。

没想到，由此引发了与本之间关于宇宙学无休止的争论。我试着解释，但很快发现，本对这门学问的理解远胜于我。我有些尴尬，突如其来的变故使我很难把精力集中到课程上。过了好一会儿，我才恢复过来，还好，课程总算结束了。吃晚餐的时候，我考虑第二天如何进行，我不希望再出现这样的插曲。很显然，本要的就是争论，而我想要的是帮助团队提高绩效。所以，为了避免争论，我决定以毋庸置疑的事实开始第二天上午的工作。

我开始讲述自己体验的事实：“我已经上百次教授过这门课程，但从未经历过像昨天那样的不安。我感到失去了平衡，而且很困惑，同时还很焦虑。”每个人都知道我说的是谁。

我停下来吸了一口气，杰克跳起来发表了一段长篇大论，说我所提及的体验其实并未发生。我听他讲完，然后问道：“杰克，你是想让我不承认自己的亲身感受吗？”杰克立即回答：“不是。”当发现自己言语失当后，他安静地坐了下来。

我随即对团队领导说：“我知道本很聪明而且极具技术潜力。然而，根据我的经验，他却在破坏团队的社会背景。而你要完成建造感应器这样一个艰巨任务，需要的是卓越的团队合作。你要做个决定，本是否能为你完成任务提供价值。”这件事之后，就再没有来自本或杰克的困扰了，工作坊按序有效地进行了下去。在下一次课间休息的时候，团队领导对我说：“哇，这是我见过的最神奇的事了，非常感谢你。”

随后的几个月里，我听他讲述本的重大改变——他对自己行为所产生的影响变得敏感了。一封发给我的电子邮件这样写道：“我知道这难以置信，但在最近的一次会议上，是本把团队组织在了一起的。”

几个月后，当我用同样的技术为另一个团队准备工作坊时，我注意到本的名字再度出现在学员名单里。我当时纳闷，这是怎么回事儿？

工作坊进展顺利，本也没有带来任何麻烦。在一次感激练习中，每个人都发了言，本说：“我想让每个人都知道，上一次我参加的4D工作坊改变了我的人生。

而那天之前，我根本就不知道我的行为会影响到别人。我认识到我需要改变，而且我做到了。”哇，我想，4D流程这次又发挥作用了。

为了避免争论，请讲出毋庸置疑的事实。

小结

你有两项任务。

第一，留心识别你的“故事情节”会有一定困难，然而还是要尽量做到。我自己采用了一个较为容易的办法就是把所有的想法或者话语都当作故事情节。所以，我就养成了用“绿色”思维和表达的习惯。这样做的结果就是，自己和他人一起实现我的想法。多做练习，再加上同事的协助，你也可以做到。

第二，留意并根据产生的行为后果来识别他人的话语是“绿色”还是“红色”。这比你注意自己的表达更容易。在发现他人讲述降低绩效的“红色故事情节”时，有几个不同选择。你可以试着面对，这样很可能会引发争论，因为从定义看，“故事情节”是可以质疑的，这样做从未给我带来任何有用的结果。

我更好的经验是询问：“如果我们坚持你刚才所说的故事情节，将会有怎样的行为，而这些行为又会带来什么结果？”这样我们就能把焦点放在行为上，并且几乎总能把它转变为“绿色”的。

在最近的一次电话会议中，一名4D工作组成员说：“我不知道你为什么要写书，现在都没有人读书了。”我回应说：“如果我接受这个说法，我就会停下来，那我怎么才能让4D系统造福世界呢？”经过一番讨论之后，他理解了，我们继续进行。

我建议你永远不要因为任何故事情节采取行动，不论这些看法是你自己还是他人动机的故事情节。原因是，只有5% 正确的概率，对其加以关注并及时停止倒不失为更好的练习。

如果你是和一个群体在一起，他们理解这些想法，大家互相支持，彼此会更加坚定，那么所有行动就会容易很多。

最后，确保让你的团队成员聚在一起做故事情节练习。我举一个示例，是我们用在NASA和承包商之间的练习。开始时，NASA的人描述承包商用什么样的故事情节讲他们。你必须严格要求，只能由NASA的人参与。请一个助手在白板上记录，上面加上标签。

然后让承包商使用同样的流程。我的经验是，每个人在做这个练习时都很开心。原因在于，不是让他们讲关于别人的故事情节。如果那样，就会发展成令人不快的局面，甚至出现指责和憎恶。我想人们觉得有意思，是因为他们发现，他们原以为一些故事情节秘不可知，而实际上却人尽皆知。

如果有其他几方成员参与，比如说客户方，那就继续增加第三个流程或者更多。

然后，回顾每一个故事情节，让团队成员把它们分类，看看是“红色”的还是“绿色”的。我早先也提到过，在着色之前，你也许需要问清楚说话者的意图或者背景。然后，再让团队用“绿色”取代“红色”。

完成之后，让人把结果打印出来，发给所有的参与者。

第十一章
团队的情绪管理

管理情绪表达到底有多重要？想想那句卡尔·布屈纳（Carl W.Buechner）经常被引用的名言："他们也许会忘记你说的话，但他们绝不会忘记你带给他们的感受。"

丹·戈尔曼（Dan Goleman）1995年出版的卓越之作《情商》引起了我的关注。三年后，戈尔曼在另一篇文章中这样写道："……心理学家请高级管理人员识别出组织机构中最出色的领导者，他们使用了客观标准作为判断依据，比如赢利能力。在不同层次的工作岗位上，情商的重要性是智商以及技能的两倍。此外，在最高层，情商则起着日益重要的作用。"

如果你在技术单位工作的话，你应该早就知道了，有些人由于技术卓越而被提拔到领导岗位，但却对管理一无所知。你可以给情商取个口语化的名字叫"人际技能"。

情绪命名及管理

如果我们能将事物命名或者分类，我们就能够管理它们。情绪可以归为五种类型：高兴、愤怒、悲伤、害怕、爱（注意：实际上还有第六种——惊讶，我们对此忽略不计）。现在，我们就探讨一下每一种类型的情绪。

高兴：如何在工作中用高兴提神？

你是否会庆祝成就和胜利？在技术型组织机构中，人们往往会去寻找要解决的问题。他们专注于问题方面而忽视成就，所以也就不可能去庆祝什么成就。我过去经常让新来的人去采访一下部门中的所有同事，对过去一年中的所有成就进行总结，我们总是对曾经做过的事情感到非常震惊（我总是在高级行政主管评奖之时，把总结递交给我的老板，效果很好）。

在困难的境遇中，你能否幽默一下？这是一种天赋，在这方面我真希望自己的能力再强一些。我相信在开会时，气氛会延续会议一开始的情绪。为了把"高兴"情绪带入我们的4D系统会议（每周我们有一次电话会议），任何工作开始之前，我们都先讲几个笑话，这样会给整个会场带来一种美好且振奋人心的气氛。

愤怒：怎样用愤怒激发他人？

这是电影《巴顿将军》（Patton）中特别精彩的一个场景：将军的助理给他带来了有关天气的坏消息——雪还会下个不停。这就意味着没有空军掩护，有人就建议说，应该收兵，等待天气转好。

巴顿将军充满愤怒地说："有很多勇敢的人在牺牲生命，我不会等下去，一小时、一分钟都不行。我们要继续前进。清楚了吗？整个晚上我们都要进攻，明天早晨继续进攻。要是我们不能胜利，一个也甭想活着回来。"

一位助手告诉他，其他人并不清楚他什么时候采取行动。

巴顿回答道："他们是否清楚并不重要，重要的是我要清楚。"巴顿是否展现了他对愤怒这种激烈情绪的良好把握？他的话表明，他在有意利用愤怒。

你在工作中是如何利用愤怒的？愤怒情绪是强有力的激发器。你可以注意一下那些最动人的演讲利用愤怒的频率。不过一旦过度，愤怒会无可挽回地破坏与他人的关系。

悲伤：用悲伤哀悼损失

哈勃望远镜悲剧发生后，哈勃程序科学家埃德·威勒（Ed Weiler）曾经对我说："查理，你得做点儿什么了，天文学界正在四分五裂，他们在电子邮件里散布怨恨，互相恶语中伤。”

大约两周之后，美国天文学会要在费城举行会议。我致电学会主席，请求给我一点时间，能够向全体人员讲话。他说是个“好主意”，并将我推荐给了大会主席。大会主席说：“所有时间都已经排满了，我不愿意换掉某个研究者的演讲。然而，我可以做到的是，把你安排在晚餐时间，并且以招贴通知大家。我不知道会有多少人参加，所以我会把你的讲话安排在一个大小可调的房间里。这样，即使只有很少的人参加，你也不会太尴尬了。”对我而言，这也算不错了。

我在从华盛顿去往费城的火车上第一次开始思考应该讲什么，我忽然想到，这是一种损失，而对损失特有的回应方式是哀悼。这些技术人员需要的是情绪方面的调整！

我提前30分钟就来到了那个小房间，只有几个人到场。快到6点时，房间已挤得满满的，并且不断有人进来。如前约定，饭店将所有的隔断都去除了，房间变得越来越大。所有与会者都想听听美国NASA天体物理部门主任如何讲述哈勃的故事。

我走上讲台，对大家说：“我们需要弄清楚发生的事情。我们所有人都遭受了损失，我失去了个人能力的声望，还让NASA和国家在世人面前蒙羞；你们中间有很多人把自己的事业都押在了这架望远镜上；很多研究生能否拿到学位取决于他们进行的哈勃研究。我们所有人都损失惨重，而对于损失的最好反应就是哀悼。所以让我们一起用几分钟去感受我们的悲伤，从而深切哀悼我们的巨大损失。”

我低下头感受我自己的悲伤，我听到整个房间里都是抽泣的声音。我等待着，好像过了很久，不过也许就一两分钟。然后我眨眨湿润的眼睛，接着说：“无论以什么方式，这个项目都要完成。我现在要告诉你们，我与一个空间站的修复团队将进行修复望远镜的行动计划。”演讲结束后，我搭乘晚班火车回到了华盛顿。第二天下午，埃德走进我办公室，对我说：“我不知道你做了什么，他们现在安定下来了。”我说：“埃德，很简单，我们只不过花了点时间一起哀悼了大家的损失。”

害怕：恐惧的力量有时难以置信

理查德·尼克松曾经说过："人们对恐惧而不是对爱作出反应。在主日学校他们不教这一点，但它却是真的。"

诚实表达恐惧能激发行动。比如我可以说："如果我们不能立刻把这项任务的规模降低到40%，国会就要取消它。"你是否曾经以这种方式激励一下自己？

我的一个老板曾经告诉我："查理，你是我认识的人中最无所畏惧的。"我说："谢谢你，但不是这样，我体验过无数的恐惧，我只是习惯性地在讲着'绿色故事情节'。"每当感到恐惧，我就问自己："如果我不害怕，我会做什么？"虽然我并不总是按照这个回答去做事，但是至少我知道该怎么做。我建议你也在感到恐惧时，试试这样的绿色故事情节。

感觉恐惧与真实恐惧之间几无关联，仔细想想看，就能很容易地找到很多例证。"9·11"事件中，有大约3000人死亡，而在美国，每年死在高速公路上的人就有42000人。我们的政府对这两个数字有什么不同的反应呢？让你的孩子造访一个有游泳池的家庭比造访一个有枪支的家庭风险要大得多。

在珍珠港事件之前，珍珠港基地指挥官命令移走战斗机上所有的燃料和弹药，把它们整齐排放在一片田野里，他最担心的是居住在夏威夷的日裔美国人。每年有36000名美国人死于流感。一场源于亚洲的禽流感比1918年全世界的流感都严重，造成2000多万人死亡，其中包括50万美国人。但与反恐战争相比，我们应对流感又做了什么呢？

爱：在工作中

每当我在工作中提到爱，人们就窃笑，想象是那种浪漫的爱情。其实不然，我们所讲的是对工作的爱、对生活的爱以及对合作伙伴的爱。我很爱为NASA工作。我爱本书中描述的工作，我这样说出来没什么问题。

管理团队的情绪状态

你也许在无意间已经非常积极地在管理他人的情绪状态了。我们用想象的一天来举例说明这个过程：

这一天是从一个简短的开诚布公的员工会议开始。因为知道到会议会以开始的状态继续下去，于是，你先讲一个笑话，把高兴的情绪带进来，会场气氛让每个人都感觉愉快。

接下来，你得知一名承包商在航空镜片达标以后，因为又继续打磨了一个月而使镜片被毁（这样的状况确实发生过）。你静静地听部下向你汇报情况，但对承包商的管理缺失表达愤怒。你表达愤怒的故事情节是，如果实际情况没错，你会在最大程度上让他们主动拿自己的利润所得去解决这个问题。

后来，你又听到一个部下的父亲刚刚去世的消息。你的故事情节是和他一起哀悼一下，以悲伤的形式支持他。你拜访他，向他表达慰问，因为你早先也有过类似失去亲人的经历。

接着，你与一个不断超支项目的科学家与管理者见面。你对他们讲，任何额外增加成本都会造成项目被取消，你对此非常关注。你小心翼翼地把恐惧情绪添加进去。你想要他们找一找，在失去一切之前，哪些地方可以压缩成本，减少开支。

这一天的最后一个活动项目是，你在当地一所学校就NASA的探索计划进行演讲。你的故事情节是“3亿探索者”——这个太空计划触动了几乎每一个美国人的主人翁责任感。你通过发自心底的声音，把你对NASA以及对太空使命深切的爱传递出去，从而也把你对这个太空计划的激情传递给了人们。

坦白地讲，管理你的情绪表达，在小小练习之后并不困难。不过，若是偶尔放慢下来，体会一下自己的情绪，将很有帮助。

时间与情绪体验

你感觉我们的社会节奏怎么样？是否越来越快？我们过去常常互相写信，而现在，我们转而使用电子邮件了。现在，甚至电子邮件也不够快了，我和同事都用起了“即时通信”——用手机发短信。

问及某人“你怎么样”，注意他怎么回答。在美国，人们一般的回答都类似于“很好，我很忙”。我是在与学生交流时，开始注意到这点的。他们的回答始终都是在忙。最近，竟有人这样问候我：“我希望你真的很忙！”

我在旅行中体验到各种不同文化的差异：

- 在日本，他们问：“你的精力怎么样？”标准的回答是：“我精力还可以或者我精力充沛。”
- 在中国的问话是：“你吃了吗？”回答：“吃过了。”
- 一次去爱尔兰度假，我注意到人们对“你好吗？”这样回应：“不错，天气很好。”即使当时天气并不好。

我们都急匆匆地忙着奔哪儿去呢？是否我们的社会用忙碌来逃避不愉快的情绪呢（注意“忙碌 busyness”和“商业 business”多么相似）？我认为事实正是如此。

那么忙碌和情绪体验有什么关系呢？

试着想象一条瀑布、一辆汽车、一座山、一片海……你是否能够马上转换？很多人会很快想象出各种形象。

现在，感受一下悲伤、高兴、愤怒和恐惧，我们需要更多时间体验情绪上的变化。因为在感受情绪时，我们身体的很多部分要参与进来，而思想却只涉及大脑皮层的一部分。在我们急匆匆的时候，我们是无法体验到情绪的。我们习惯性的忙碌是否是我们逃避感受自身感觉的策略呢？

扩展时间体验

如果你想缓解一下由于忙碌造成的时间紧迫感，考虑以这样的故事情节开始——这更多是你的日常选择，不一定是工作背景的要求。对我们很多人来说，这样做不容易，忙碌的背景确实威力很大。然而，你必须选择这样的故事情节才能避免那种受害者的无助。你一定见到过，这个人对某项工作应付不了，而后来的另一个人却应对得轻松自如。

想一想詹姆斯·泰勒（James Taylor）的歌词："生命的秘密就是享受时间的流逝。"那么，采取一些行动吧。

- 减少多项活动同时进行，比如在打电话时写邮件。过一段时间，你会疯掉的（实际上并没有"多重任务"这回事，我们只是在快速而无效地完成一系列的任务）。
- 在你接电话之前，深吸两口气，然后闭上眼睛开始谈话。没有人知道你做了这些，对方可能会更深刻地感受到你的聆听。
- 练习扩展时间的方法。在吃饭前停一停；在重要会议之前花5分钟静一静。我在所有重要决策会议前，都要拿出10~15分钟时间放松，使自己头脑清醒一下。
- 把等待看成是找到的时间，好好享受，这包括堵车或在医生候诊室里的等待。有人在几年后告诉我，这样做他们感觉真的很好。
- 在日历上给自己安排一些时间。在日本，如果某个人打开一个办公室的门，发现里面有一个人独自坐着，他们不会打扰他，而是选择静静地离开。可是相反，要是一群人，他们会很自然地加入。在美国，情况正好相反，美国文化并不看重独处的时间。在NASA工作时，每天都有人要见我，如果我允许，那我每天的日程安排都会填得很满。所以我就让我的秘书把20%的时间留给我。这样做有两个好处，首先，人们打电话约我时，她只是把新的会谈填到空白处，以保护我自己的时间不被占用；其次，有人打电话时，她就会说"他在开会"，同时把信息记下。她不会透露我正在自我交流。
- 利用下雪天。下雪时，会让城市连续封闭几天（尤其在华盛顿特区）；大雪过后，人们回来工作，生活继续。
- 想办法每周给你的团队一些安静的时间。有一个NASA人造卫星承包团队，要求每周三早晨3个小时的安静时间。在那段时间里，不开会、不接电话、不读邮件，他们告诉我专心思考不受打扰简直太棒了。

用忙碌逃避感觉的代价

我在科罗拉多大学教书时，一个本科生给我看了一本心理学教材中的一个图表。纵轴是每10万人中的自杀者人数，横轴是年龄。这个图表显示白人女性的

自杀曲线低而且平缓，直到85岁才有8.4人自杀。而对于白人男性，在曲线中先是迅速上升到25人，然后趋于平缓直到60岁，从60岁又开始上升，直到70岁有大约30人自杀。从70岁开始，曲线又开始陡升，并保持这种陡直向上的坡度直到曲线在85岁以上终结，在这个年龄段竟有73.6人自杀。看看这条曲线的拐点，白人男性在60岁和70岁之间到底出了什么事情？这可是他们退休的年龄。沃伦·法洛（Warren Farrell）认为，获得事业和经济成功所必需的严格要求和情感压抑是造成自杀的原因（注：黑人男性和女性的曲线与白人女性的曲线是一致的，低而平缓）。

我还有另外一种解释。像大多数男人一样，我从小就学会了忍受身体的疼痛。无论是体育运动还是战争中，我们的文化总是对于男性忍受疼痛表达钦佩之情。假如一位足球运动员在负伤后继续比赛，我们会为之欢呼。将忍受身体痛苦的能力，延伸到了压抑情绪上，对此我十分困惑。身心整合与修复方面的专家卡萝·杜鲁门指出，长期的压抑绝对行不通。

那么，退休的人又是怎么回事呢？不再继续忙于工作，会让他们无法再持续地感受时间的压力。生活节奏慢了下来，时间多了起来，他们反而体验到了不适的情绪。如果不练习排解，可能会造成很大的压力。

练习感受你的情绪

法国著名的数学家、物理学家、哲学家布莱斯·帕斯卡（Blaise Pascal）说："所有人类的不幸和灾难，都源于人不能在房间里静坐沉思。"对我而言，《圣经》中最有力的话语是："你们要休息，要知道我是神。""你们在我里面，我也在你们里面。"

在世界上很多地方，人们都能够安心久坐。例如在中东、加勒比海地区和亚

洲，你会看到人们就在那里坐着，而现代美国人却做不到。这让我们可以设计一个实验来练习体会一下你的感觉：

- 坚持10分钟什么也不做。可以使用一个计时器。
- 情绪涌上来时注意看看，你能否识别它们在身体的位置。情绪是身体的感官感受，而头脑对情绪的反应是感觉。我所体验的焦虑，很多时候在我胸口部位出现。
- 然后，通过腹式呼吸放松，进入你的情绪之中。呼吸是唯一你可以随意改变的无意识生理节律。呼吸的肌肉在横膈膜，它将肺与其他的器官分隔开。将双手放在胃部，用横膈膜呼吸，感受你的胃向外扩张以及向内收缩。
- 所有伟大的运动员都采用腹式呼吸。几年前我观看奥运会，美国女子游泳队赢得金牌后，立刻前往领奖台领奖，我注意到所有人的胃部都在她们薄薄的泳衣下一起一伏。
- 试着让你的脚扎根，这样会让你的能量更多地离开头脑回到身体里。每当双脚扎实地站立在地面上，你所感受到的愤怒就会被抽出，就像避雷针把闪电的能量无害地导引到大地上一样。我曾经和一位“蓝色”的高级经理共事，他指导人们实施一个接一个构想。他的想法有些很好，有些却是灾难性的。我们很难向他提出质疑，因为他经常会情绪突然爆发。每当我认为他要做错事的时候，就觉得自己有责任阻止他。在向他提出质疑之前，我先进行腹式呼吸，同时让自己双脚扎根，这就好比闪电的能量被引向地上时不会造成危害一样。他爆发怒气多数会通过我导向地面。这样虽然不舒服，但是可以忍受。

对自己耐心一点，体验安静的过程可能比你想的要难得多。然而注意感受及识别你的情绪，这才是提高情商的能力。

小结

我总想在每一章之后，提供一项团队集体练习。然而，我无法想象集合一群脾气倔强的逻辑型技术人员在一起畅谈情绪的场景（在工作坊中技术人员做这项活动毫无问题，因为背景不同）。所以，我强烈推荐你自己来做。很多技术人员有这样的故事情节："情绪不能带到工作里，人们应该在上班时在门口先检查一下情绪再进来。"你能否根据此故事情节支持的行为对其进行颜色标注？这当然是"红色故事情节"，因为它使你失去了把情绪当成能量管理工具的能力。其替代的"绿色故事情节"是："情绪是团队能量的主要来源，我能够也必须管理好我的情绪。"

要帮助你转变，需要做下面这个练习：写下在何种情形中，你表达过的情绪——高兴、愤怒、悲伤、害怕和爱，同时描述对他人的影响。

作为另一种选择，你可能阅读了丹·戈尔曼的《情商》，并认为团队和个人绩效只与情绪有关。而4D系统使我们既关注"故事情节"，也关注了情绪。

第十二章
人们需要被感激的感觉

在以下几章，我们要研究八项行为。其先后顺序与背景转变工作表中的应用顺序一致，我们首先从“表达真诚感激”开始，如图12.1。

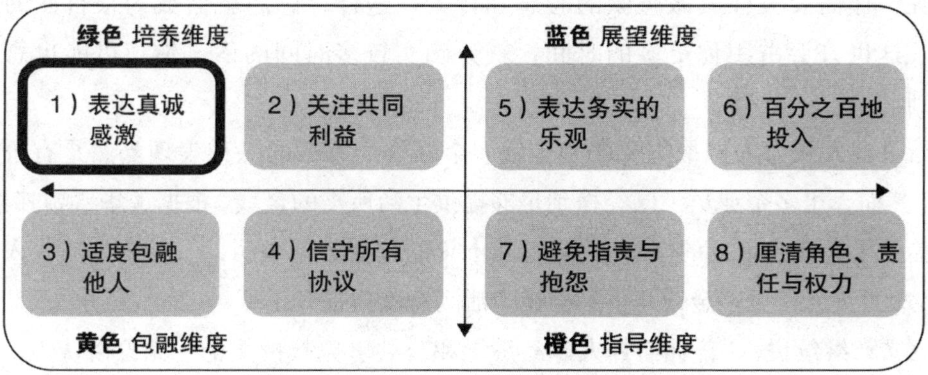

图12.1　表达真诚感激：八项行为中的第一项

问起工作坊学员从工作坊获得的最大的收获是什么，他们往往选择“表达真诚感激”。他们对本章练习的体验印象深刻。

在金融界，我们用“appreciate”（感激）这个词代表价值的提高。你一旦掌握了习惯性感激，你和周围一切的价值都会有提升。特蕾莎修女经常这样说：“世界上，人们对爱与感激的饥渴远远大于对面包的饥渴。”

美国商会1986年的一份报告中说，员工在工作中最想得到的是感激。我知道这份参考有些过时，但这并不重要。只要人们有饭吃、有房住，在人类历史中任何时候都一样，我们都需要被感激的感觉。注意“感觉”这个词。你对此表示怀疑吗？如果怀疑，那么请回顾一下工作中没有被人感激的感觉，你能否想起自己个人关系中感受不到感激的时候？那是怎样的感觉？

人们最想得到的是什么？

很多人注意到，在任何一个典型的企业组织中，20%的员工会百分之百地投入到工作中。因此，你无论怎样也不可能让他们付出更多了。另外20%的人愿意付出多少就付出多少，无论你做什么，他们也不会在工作中付出更多（你也许早就熟悉帕累托法则了，其中讲到80%的结果取决于大约20%的原因）。

居于中间的60%的人说，如果能得到更多，他们就付出更多。他们想要的是什么？他们想感受到你的感激！那么，你需要做什么才能让他们有这样的感觉呢？你需要关注真诚感激的心态和行为。这样，感激就会成为很自然的习惯。这也许会占用你更多的时间，就算确实较多时间的话，你很可能也意识不到。

很多人认为人们最想要的是金钱。金钱作为感激的一种表现当然是有价值的。然而，很多企业员工已经挣到足够提供生活所需的金钱。根据《华盛顿邮报》一篇关于金钱与幸福的文章："最近几十年的大量数据表明，一旦个人年收入超过12000美元，更多金钱几乎不会让生活满意度再提升了。"

文章继续说："普林斯顿大学经济学和公共事务教授艾伦·克鲁格认为，人们过度估计了高收入对他们主观幸福的影响。问题是人们一旦过了贫困线，金钱对于日常生活的幸福就不再具有重要意义了。它当然能买到东西，但通常无法解决人们日常生活中经历的大部分问题，比如对孩子的担忧、个人关系问题，以及工作中的各种压力等。

因此，金钱的重要性不及我们的情感需求。人们需要被欣赏和被包融的感觉，来自金钱的动力不能持久（不过，如果有人能给我足够大量的金钱，我倒愿意实验一下）。

最后，如果我还是没有说服你，请问问自己，你愿意年收入100000美元去做收费站收款员，还是挣75000美元做航空工程师？

你在满足谁的需要？

下面这段对话出自斯科特·亚当斯（Scott Adams）的漫画《呆伯特》（*Dilbert*）。

科技作家蒂娜走到电脑前的呆伯特身边说："你在这个报告中写的是去年的日期。哈哈！快改了吧！"然后她又接着说："我喜欢指出你的错误，因为这样做让我的感觉更好。"呆伯特说："这的确是我去年写的。"蒂娜回答："还不如干脆说不是你写的。"

难道这就是那么多人难以表达感激之情的原因吗？难道在指出他人的错误时，我们就真的自我感觉更好吗？

《呆伯特》漫画让我们注意到，当我们只顾自己的需求而忽略他人的需求，会导致什么结果。在这样的背景中，我们对感激的需要不可能得到满足——而且永远也不知道为什么。

认真考虑一下，你怎样察觉并满足与你有关系的人们对于感激的需要？在重要的人际关系中，你又如何使人们满足你对感激的需要？

在哈勃瑕疵镜片事件发生的两年前，我出人意料地提出离婚，前妻对我说："我不知道你为什么要放弃这段婚姻，因为我还是爱你的。"我回答说："我放弃这个婚姻是因为我感受不到被爱。"我请了一位心理学家分析两者之间明显的矛盾。我从中了解到，只有当别人欣赏我们所珍视的东西时，我们才会感受到深深的感激。

我的感觉是，我前妻把我看作一个值得依赖的父亲和挣钱养家的男人；而我则珍视自己身体中那个拥有创造力和冒险精神的我。我重视自己作为人类历史上最大型研究项目之一成功领导者的身份，而她既不知道也不关心我在工作中都做些什么。在你向他人表达感激之情时，记住这个例子吧。另外，了解他人性格的基础颜色也有帮助，例如，黄色和蓝色能欣赏的自我差异很大。

真诚来自感恩的心

我们与他人谈论表达感激之情时，他们首先关心的通常是真诚与否。我们会开玩笑地使用销售员常说的一句话："真诚在你学会拿它撒谎时最有效。"我们相信，最有效的表达感激的方式就是先体验感激，支持感激体验的心态是感恩。一直生活在感恩心态之中其实很容易，你只需把注意力转到生活中的收获。

作为一名顾问，我经常和一些因为遭遇挫折而烦躁沮丧的团队打交道。比如，输掉一场重要的竞争会使他们陷入绝望，我就会这样对他们说："让我们暂停一分钟，反思一下我们作为这支团队（或这个公司）的一员有什么可以感激的。"然后，我会走一圈问每个人对他人有什么可感激的。情绪很快就神奇地转为积极的了，大家又可以恢复工作了。下一次你的团队感觉失落时，尝试一下这个方法，那种转变真是很神奇。

伟大的德国作家歌德广为人知的一句话是："不知感恩始终都是一种弱点，我从未见过一个真正有能力的人会忘恩负义。"既是演员、喜剧明星又是经济学家的本·斯坦（Ben Stein）在依萨卡学院（Ithaca College）的毕业致辞中曾这样说："我们都是自由与富足社会的继承者，大多数人不用做任何事情就已得到了这些。"现在就在一个 word 文档中，写出你工作中感激的同事和生活中感激的家人，并把它打印出来，放到你能看到的办公室里、书桌抽屉里，或者你的床头柜上。沉思你所感恩的一切是结束一天的美好方式，从现在就下定决心活在感恩之中。

习惯性感激可以延年益寿

你可知道习惯性感激对你的身体健康有益吗？以下是加州大学医学院迪安·欧宁胥（Dean Ornish）博士的研究结果："我从未发现任何其他因素——饮食、吸烟、锻炼、压力、遗传、药物、手术……能比得上感激对生命质量、疾病发生率、健康和防止早逝所产生的积极影响。"

我们有时会在工作坊中使用心脏检测仪表来测量心率的变化。心率稳定一致代表处于安静清醒的状态，可以提高人们对健康状况的认知。我们能够证明，真诚感激可以改变人的心率状态，使其在一分钟之内从不稳定的有害状态转变成稳定的清醒状态。

我曾经从电台里听到这句话："财富500强公司辞职的首席执行官们认为，

缺乏感激是他们离开的首要原因。”天哪，这些人真是说到点子上了。我要告诉你一个小秘密：感激在商业中其实就是爱的代名词。我们所有人都需要它。

问问你的老板在他们升职时是否体验过感激？我相信，他们职位越高体验到的感激就越少。我们为什么不愿意感激老板呢？有些俗语是用来形容感激老板的行为，很多人都很熟悉“拍马屁”这个词。你是否意识到老板和大家一样需要感激呢？很多老板几乎得不到感激。如果你的感激是真诚的，没有人——包括老板，会觉得这是拍马屁。

掌握“HAPPS”感激技巧

以感恩的心态利用“HAPPS”技巧表达感激：

- 形成习惯（Habitually）——养成感激的习惯。习惯是我们的个人风格。一旦真诚感激成为习惯，你就不会觉得感激是在浪费时间和精力。
- 表达真诚（Authentically）——生活在感恩的心态里，可以让你发自内心地感激他人。这是真诚感激的关键所在。
- 表达及时（Promptly）——在行为发生时表达感激，越早越好。
- 表达适度（Proportionally）——使感激的表达（口头表达、书面表达、物质表达）与行为相称。
- 表达具体（Specifically）——你表达感激的方式越具体，效果越好。避免重复使用“干得好”，就好像例行公事一样。

工作坊开始前，我经常和做顾问的4D客户在一起。我注意到一个客户总是重复地对每个人说“干得好”以示感激。在后来他出席的工作坊中，我问团队人员对此的感想如何，他们异口同声地说“讨厌”。他先是惊讶，然后很快理解了。一旦感激变成机械的重复，对任何人也就失去了意义，千万别这样做。

那么，用电子邮件表达感激可以吗？很多“绿色”性格的培训师要求人们以个人化的方式表达感激，因为这也是他们自己表达感激的方式。这个问题显示出4D系统方法的重要性。感激形式必须与感激者的个性特点一致，也必须与组织机构的文化一致。在“蓝色”或“橙色”文化中，如果感激太个人化，人们可能会觉得不舒服。一旦与组织文化相悖，人们的行为方式不会太持久。意识到这一点之后，我建议你选择自己觉得自在的表达方式。你可以通过电子邮件、语音信箱甚至是留言条表达感激。我偶尔会收到彩色邮件，感谢我在他们赢取提案中的帮助。我非常喜欢收到这种非个人化的感激。

锻炼感激肌肉

你很可能用一些锻炼器材来增强肌肉，至少短时间尝试过。一旦肌肉炼成后，同样的动作自然就变得简单了。和你的团队一起做练习，增强感激的肌肉：

- 邀请每个人逐一站起来，讲讲他们在这个团队中最觉得感恩的是什么（注意力集中的地方就是力量之所在）。在几百次的工作坊中，学员这样做并非难事。不过，你要利用某种系统化的方式，比如使用一只话筒，这样大家就不会以沉默不语的方式把自己藏起来。
- 在鼓励他们都有了感恩的心态以后，引导每个人对一起工作的同事表达个人的真诚感激。请他们站起来，看着这个人，直接说出来：“××，我感激你，因为……”整个过程以被感激者看着感激者说“谢谢你”结束。

这看上去有点儿吓人。然而，一旦你向几个人表达过感激之后，大家就都会喜欢上这个练习。根据大家的回馈，接受感激比表达感激更加困难。这就显示出一种提升团队感激能力的方式——大方地接受他人对你的感激。

“9 · 11”事件的启示：现在就行动！

我曾经与一位从“9 · 11”灾难现场返回的联邦调查局特工做过简短交流。我问他看到了什么，他说：“很多人在死去的人们耳边说许多他们生前渴望听到的话。”这太重要了，值得再重复一遍：“在死去的人们耳边说许多他们生前渴望听到的话。”现在就对你非常在乎的人表达你的感激，不要等待。

我们要求工作坊学员晚上回去感激他们关心的人，并在第二天早上回到工作坊报告。那些报告很有意思，很多是关于配偶的，那些被感激的人会说些这样的话：“我非常高兴你参加了那个工作坊。”

有一次，一个人举手说：“这真是个坏主意。”我请他解释一下，他说：“我在回家的路上给妻子买了一打玫瑰。我敲门，妻子出来，我把玫瑰递给她，同时用我们昨天在工作坊学习的方式表达了感激。她用嘲弄的眼神看看我说：‘得了吧，老兄，你今晚什么也别想得到’。”丈夫给她的真诚感激实在太罕见了，以至于她错把感激行为当成了有所企图。

故事情节加上情绪的效果

在图12.2中，我们把你的思想和情绪进行整合，以便管理团队背景。

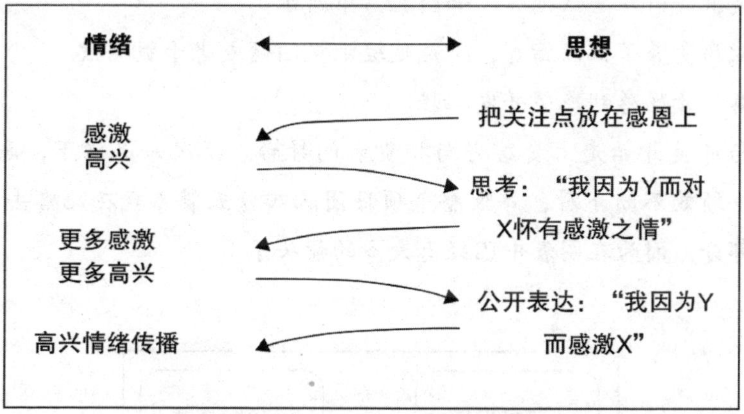

图12.2 快乐情绪加故事情节的结果

首先，把你的关注点放在你生命中美好的方面，这样会产生快乐的情绪。你一旦感受到快乐，就可以更多地感受到他人行为给你带来的感激之情，从而使高兴的感觉进一步加强。而且，公开表达与愉快地接受，还会使高兴的感觉再一次加强。

过度批评使团队陷入恶性循环

格拉德威尔（Gladwell）在《引爆点》中写道："引爆点就是一刹那，某个观点、趋势或者社会行为超越了某个临界点后，就会像野火一样蔓延开来。"团队是否 会引爆而陷入紊乱？什么会成为触发因素？

看看下面一个典型案例。一个团队接受了一个重要的新项目，开始选择供应商。每一个人都情绪高昂，非常乐观，但之后却发现资金明显不足。客户生气地斥责供应商方面的项目经理（太多的经理会把严格与严厉的态度混淆）。很多技术经理人在研究生院时就已成了挑错高手。回想一下发射挑战者号的情形吧，齐奥科尔（Thioko）公司的经理，称马歇尔太空中心的工程师为"专门带来坏消息的男孩"，因为他们实在太会挑承包商的刺了。

1. 过度批评引发恶性循环，如图 12.3 中所示。
2. 供应商受够了批评指责，于是延缓汇报问题或者干脆瞒报。
3. 所有人开始感到绝望并发牢骚。
4. 参与成员开始走上受害者与指责者的舞台。情况每况愈下，恶性循环持续，绩效不断下滑，导致整个项目团队四分五裂（我在此略去 4D 系统轴线部分，因为在图表中已经有太多的箭头了）。

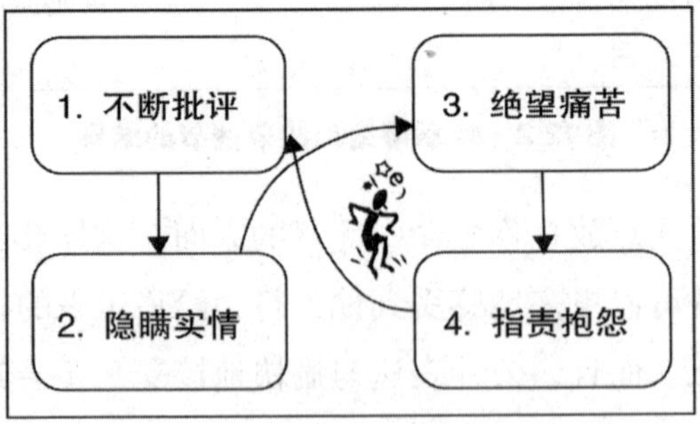

图 12.3 过多的批评使团队陷入恶性循环

有一次我在工作坊中谈到这一部分时，一个经理跳了起来，冲出房间，我问他：“你要去哪儿？”“我现在马上要截下我本来要发给承包商的一封邮件。”他回答道。看到人们马上把工作坊里学到的知识迅速转化为行动我非常高兴。

感激使团队重获高绩效

那些位于底端五分位的团队能否重获高绩效呢？当然可以，如图12.4所示，按照以下五个步骤就能做到：

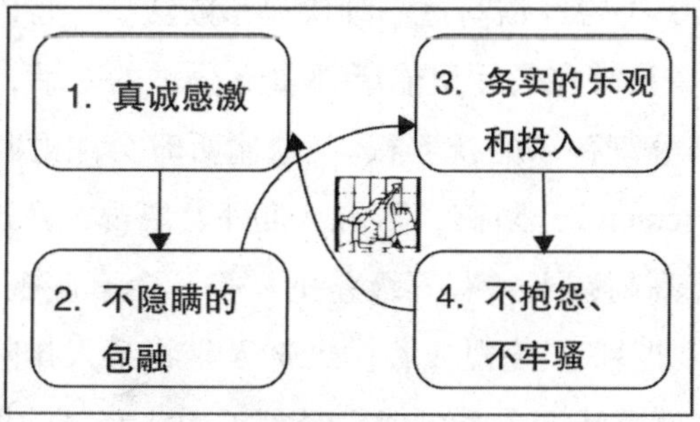

图12.4 感激激励团队向上

1. 我们首先矫正“七宗罪”中的任何一种。你会在第十八章对这些“罪”有更多的了解。
2. 接着，我们再教导客户的管理层转变心态，寻找更多值得感激的行为。他们使用 HAPPS 法表达真诚感激：形成习惯（H），表达真诚（A），表达适度（P），表达及时（P），表达具体（S），逐渐形成一种相互尊重的气氛。随着背景越发积极正向，启动引爆点程序。真诚感激的效果无论怎样强调也不过分。英国作家 G.K. 切斯特顿（Chesterton）在其作品中有这样一段被广泛引用的话：“我认为感谢是思想的最高形式，感恩会让快乐奇迹般地成倍增长。”背景慢慢变成了相互尊重。随着人们体验到更多真诚的感激，他们会愈加愿意表达感激。
3. 双方约定相互沟通问题，并且信守约定。背景的改善，消除了可能引发戏剧性状态的隐瞒真相行为。
4. 用相互了解取代对可能现实情况的争论，为创意提供一个平台。第十六章对此有更多的探讨。

5. 用合理行动，取代指责与抱怨。

换领导何时成为唯一选择？

我在本书前面写过，很多时候并不是因为项目经理的原因造成了超支，但他们却会因此而被解雇。我们与那种处于四分五裂的团队打交道时，管理层总是问我们，是否有必要换掉领导。

格拉德威尔（2005）曾经描写过一种快速诊断法——诊断人们是否能够修复破裂的关系：“戈特曼只需在餐厅里偷听邻桌五分钟的对话，就能判断这对夫妇是否需要雇用律师来分割孩子的抚养权。”他偷听时会注意其话语中是否有“四骑士”（the Four Horsemen）：防御、阻碍、批评、蔑视。在这四者之中，蔑视破坏力最大。蔑视来自高高在上，有等级差别。举几个有蔑视含义的例子，“你这个人渣”或者“你不如我”。蔑视或者讨厌某人是将某人排除在群体之外。某人一旦表现出蔑视，也就意味着关系可能已经到了无法修复的地步了。如果领导者在客户与供应商的交流场合中表现出蔑视的态度，可能就没有恢复关系的可能了。在这种情况下，换掉领导也许是对所有人都有益的做法。

体验满足的心态

我很喜欢一句来自贺卡上的话：“如果你不满意你所拥有的，即使得到再多又能如何？”因为它直接道破了我们这个社会中无所不在的“红色故事情节”。

我在NASA的最后一个工作是制订冷战后的策略，与署长丹尼尔·戈尔丁（Daniel Goldin）密切合作。他并不容易相处。我竭力在压力很大的环境下把一切都做得很好。为了做到有定力，我检省自己此生的目的，以及我想要留给后世的遗产。一开始，我写下的是我要富有。然而我意识到，在自己拥有最多物质财富的时候，我却感到无比贫穷，因为我把所有的注意力都放到积累财富上了。于是我改变了我的生活观，即将关注点放在体验满足之中。公元前300年，古希腊的哲学家伊壁鸠鲁曾经宣扬过这样的观念：“富有不在于拥有很多的财产，而在于拥有很少的欲望。”

喜剧演员本·斯坦经常说："我无法用几分钟时间告诉你如何变得富有，但我却能告诉你如何感觉富有，这样远比真的富有好得多。让我先告诉你我自己的经验是——心存感恩……这绝对是完全可靠的迅速致富之道。"

体验满足的方式就是要抱持这样的故事情节："我拥有的已经够多了，所以我可以施舍。"我要用一个故事来阐释这句话。有一天，我在Outlook日历上注意到了我朋友隆恩的生日快到了。隆恩是我在1990年代科罗拉多大学一起研究领导力时认识的好朋友，但好多年没跟他联系过了。隆恩是英语系的教授，收入没有理科系的教授高，甚至也没有商学院的教授高。但是，隆恩却有几个奢侈的习惯，其中之一就是爱喝非常昂贵的红带香槟。我买了两箱，在生日当天放到了他门口，并没有留下姓名。

第二天，他就打电话过来，忍不住大笑。我假装毫不知情，他根本不信。我问他："你怎么知道就是我呢？"隆恩在博尔德生活多年，朋友圈子很大。他说："我先列出一张所有知道我生日的朋友名单，然后我再划出来谁知道我喜欢红带香槟，我再问自己谁会疯狂到做这种事。最后认定就是你啦。"我想说的是，送去香槟带来的喜悦远远比我喝香槟要多得多。

从机会成本方面考虑，是我感觉满足的另一条路径，我觉得这是唯一的真实成本付出。例如，我带我的孩子们和亲属一起到国外旅行，要为5个人在法国支付3周旅费，信用卡上要刷掉一大笔钱。可是，真实的成本又是什么呢？

正确的提问方式是这样的：因为这笔旅行开支，我和太太有什么需要的东西不能再买了吗？由于送了两箱香槟给隆恩，因此我们就不能购买什么了吗？对于我和太太而言，答案是没有。因此，这些礼物的成本是零。

小结

参加工作坊的学员开始时对表达感激不太适应，直到两三个人表达之后才放松下来。随着所有人都感觉自在了，大家觉得表达真诚感激充满乐趣，你的团队也应该有类似的体验。最重要的是，经常利用个人与团队发展评估系统。这些会让你把关注点和心态转到表达真诚感激上。另外，再次评估会跟踪你和团队的进步，为你继续表达真诚感激提供支持。

第十三章
在共同利益中挖掘金矿

你还能回想起前文提到的我们倾向“同质性”的倾向吗？我们更愿意与那些和我们怀有同样故事情节的人相处。“共同利益”也有同样的现象（如图13.1），我们更愿意与有共同利益的人在一起。这些共同利益是始终存在的，人类关注差

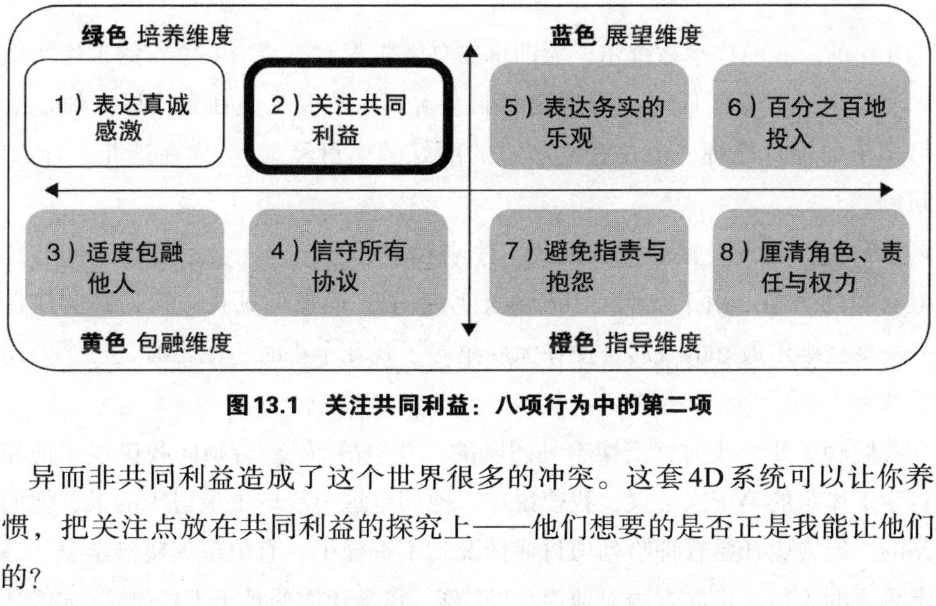

图13.1　关注共同利益：八项行为中的第二项

异而非共同利益造成了这个世界很多的冲突。这套4D系统可以让你养成习惯，把关注点放在共同利益的探究上——他们想要的是否正是我能让他们拥有的？

几年前，一位NASA经理打电话给我：“查理，我和中心总监合不来，你能帮我吗？”我们离开工作地点，进行了一个缩减版的4D工作坊。第二天早上，我们把大家分为两组：总部人员和中心人员。每个组都要提问“他们最想要的是什么，同时也是我们能让他们拥有的？”

中心人员首先发言："我们希望你们完全成功。"总部回应："真的吗？你们为什么这么想？"他们回答道："因为我们要完全依靠你们的成功才获得我们生存需要的经费。"

过了一会儿，总部的人说："你们有一项我不能共享的利益，你们想把中心变得越来越大，这只能使其他人付出代价。"中心人员回答："你们怎么会有这种想法？我们要的只是稳定，不是发展壮大。"（你还能否回想起来，我们说过猜测他人的动机有95%是不正确的。）这个过程来回反复了几次，每一方都在找出彼此的共同利益。原有的"红色故事情节"当面讲出来，就被解决了，我能感觉到紧张气氛在消失。当我们把问题摆到桌面上时，事情就显得简单了，但处于冲突中时却很难做到这一点。

用共同利益平息权力斗争

几年前，我前往亨兹维尔，为即将在马歇尔太空飞行中心举行的工作坊做准备。当我走进万豪饭店时，看到我的朋友吉姆·欧登正坐在大厅里，他是哈勃项目多年的项目经理，也是我共事过的最好的项目经理。"你在这儿干什么？"我问。

"等你。"他说。接着他告诉我，他刚和中心主任开完会，看到主任的日程表上有我的名字。由于我们有几年没有联系了，他想见见我，猜到我会住在万豪——亨兹维尔最好的饭店，便在大厅里等了我几个小时（他当时是一个公司的副总裁）。

我们聊了几个小时，交换哈勃团队的"斗争故事"。吉姆向我讲述了他和哈勃科学工作组的第一次会议，我曾说过，他们是这个星球上最讨厌的人，他们确实是的。但吉姆开始管理哈勃项目后情况就不一样了。有位望远镜科学家，一个非常重要的人物，走向吉姆对他说："欧登，我会让你的日子不好过。"你能从中看出能量流向指导维度的权力斗争倾向吗？

吉姆用简单的对角线维度行动，凭直觉就把所有能量拉回到了培养维度，他说："你不会的，因为我们想要的是同样的东西。"你能从图13.2中从左向右看到这种变化。

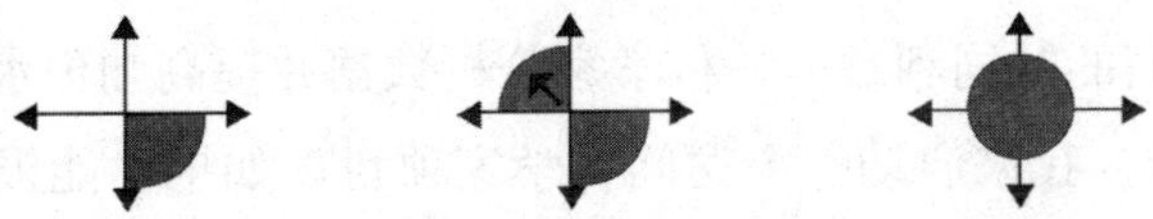

图13.2 吉姆·欧登用价值观避免权力斗争

我只有两个原则（查理的原则）：

1. 避免权力斗争；
2. 如果你没有权力，永远不要进行权力斗争。

与日本科学家的共同利益

我们往往关注各自立场而非共同利益。我在1983年成为NASA天体物理部门主任时，认为与日本科学家合作应该很不错，因为我们已经和欧洲科学家有多年的合作经验了。一个同事告诉我就别费劲了，与日本人没法合作，他们不愿与外国人分享数据资料。

我跟日方与我同等职务的田中康夫接洽，他说："我简直无法相信，多年来我一直想跟NASA合作，可就是没有人愿意和我谈。"我很快了解到，日本的东京大学是美国在"二战"后唯一允许发展太空计划的地方。而且，他们已经研发制造了自己的火箭和宇宙飞船。合作看上去都很理想，因为我不想把NASA的科研经费花在宇宙飞船上，我更愿意研究仪器和探测器。

当话题转到数据资料分享时，我没有谈他们的立场，因为我知道他们的立场是要保留资料，而保留期超出NASA所能接受的程度。相反，我问起了他们关心的事——他们立场背后的原因。田中康夫解释说，与美国NASA的科学家不同，他们必须事事自己来做，他们必须在卫星发射之后自己做追踪工作。如果他们把数据资料公布于众，其他国家的科学家就会刊登他们的成果，而他们自己却还在忙于卫星运转的事。我问他："你们难道不想在英文刊物上发表成果吗？""当然愿意了，那些都是真正有影响力的刊物呀！”田中康夫回答道。我接着问：“考虑到你们的母语是日语，发表英文成果肯定有困难吧？”我猜你一定知道我们后面的谈话是如何继续的了。

我考虑了我们的共同利益——科学家分析数据并提高知识水平。我随后建议说：“这样行不行，我来启动一个访问科学家项目。如果你能提供火箭和太空飞船，我们共同研发仪器，我会安排六名科学家到日本，与你们共同撰写英文论文。”这对每个人都是很不错的安排。我们的科学家有机会获得原本难以得到的日方数据资料，更多了解天体物理学领域的知识，而日方科学家能够和讲英语的一流科学家共同撰写成果报告。由此可以看出，在共同利益基础上采取行动并非难事。

（田中康夫随后因我们的第一次合作项目——太阳探测器“阳光卫星”，获得了日本天皇特别嘉奖。）

共同利益与哈勃招聘

一天下午，我从办公室向外凝视华盛顿特区的独立大道，思考着“哈勃维修任务中，我们忽略了什么呢？”新仪器简单明了，替换的广域相机和光学校准装置看起来比建造原始仪器要容易得多。我担心太空更换仪器的作业对宇航员的危险，这项作业看起来不比更换转轮装置更困难，但是我不清楚这项作业究竟有多大难度，我可不想在自己不了解的地方出差错。

我决定招聘一名太空作业专家，于是我们在航空杂志上刊登了招聘广告。就职于丹佛市马丁·玛丽埃塔公司的提姆前来应聘。我前去见行政主管凯伦，还没等我说完想聘用提姆的事，她就打断我说：“没门儿。你千方百计扩充你的部门，这次不行。算了吧！”我们的谈话结束了，我满腔怒火地回到办公室。

过了一会儿，我认识到凯伦所言不是没有道理的。我以前做过类似的事情，而且，我严重透支了我和凯伦的“情感账户”。我和凯伦有个共同的上司伦恩·菲斯克，我和他的关系很不错，我认为这是“把工作证放到台面上的时刻”——当你非常关注某事，如果他们不提供你需要的资源，你就以辞职表达不满。会议结束时，你或者你的老板会象征性地拿起工作证。我深切地关注哈勃维修任务的成败，但并不想就此丢掉工作。

因此，我开始探究与伦恩的共同利益所在："什么是伦恩想要，而我也能帮他拥有的？"嗯，我的第一个想法来了，是"一次成功的维修任务"。他想要，我也想要。那么，还有什么其他的共同利益呢？他想和凯伦及其他主管和平相处。是的，我也想要这个。然后我想得更多了："伦恩绝不想为了哈勃再一次失败而去国会听证会。"没错。发现哈勃镜片失败后，在怒气冲冲的国会代表面前作证让我很难受，而他更难受，他是首当其冲接受抨击的人。接着，我找到了决定性因素：要是哈勃维修任务再次失败，伦恩绝对不希望自己必须在听证会承认，他并没有尽必要的努力，让任务得以成功。我做好了承担所有责任的准备，包括万一失败辞职，我也能接受、我准备好了，该去见伦恩了。

不过，一转念，这样做意味着我要求他和凯伦作对了，我应该问"什么是凯伦想要，而我也能帮她拥有的？"这就比较难了。我先想到的是，她想要更大的权力来控制我。我也希望如此吗？当然不行，这不是共同利益。她想要有能力做好她的工作，不至于有人像我这样绕过她。我想，我可以为她做到这一点了。

现在你可以想象到这次谈话了吗？"伦恩，我来找你是因为我要聘用提姆。我必须告诉你这么做的好处，首先，我希望完成一次成功的维修任务，虽然我非常非常想要一辆新车，但我觉得这次任务的成功比一辆新车更重要。我知道你也想要一次成功的维修任务。其次，我向你保证，你不会因为哈勃再次失败而去国会作证。还有，万一这种事真的发生了，我希望到时我们两个都能诚实地说，我们尽力了，我们已经付出所有必要的努力。你给了我需要的所有资源来确保任务成功，万一任务失败，我负全责，从NASA辞职。最后，请转告凯伦，我保证再不会为了人事原因或差旅方面的事越过她直接找上级了。"

你猜他说了什么？"查理，拿起你的工作证出去吧，你可以聘用你要的人。"我拿起工作证，马上离开了（我很早之前就学会了一件事：得到你想要的东西时，赶紧离开）。

如果你和任何人有了冲突，试着问自己："他们最想要什么，同时也是我能让他们拥有的？"还有一句是我特别喜欢说的话："人们做事总是有他们自己的原因，而不是我们的原因。"你一旦关注了共同利益，你的原因和他们的原因就是相同的。

小结

人类天生有群体归属的深层需要，我们首先会忠于所属的群体。因此，很多团队在跨组织工作中会经历很多困难。对于NASA的项目，最困难的是两个

NASA中心没有清晰而相互接受的等级划分。最剧烈的冲突往往发生在家庭内部，彼此视为同伴的两个单位越是亲近，就越难让一方服从另一方。几年前，我问杰出的项目经理汤姆·杨，在他成功的项目中最重要的法则是什么，他回答说："你所关心的每件事，都需要一只争抢的脖子和一个被踢的屁股。"我同意，一听到两个单位要合作完成一个项目时，就比较担心。

不过，我选择了一个NASA承包商跨界合作的例子。通过有关共同利益的练习，工作坊学员在架设跨组织桥梁方面取得了极大进步，随时写下这句有关共同利益的问题："他们想要什么，同时也是我能让他们拥有的？"

这个练习与故事情节练习有些类似，还是以NASA和他们的承包商为例。

NASA一方开始问："承包商想要什么，同时也是我们能让他们拥有的？"把各种回答都记录在白板上。每一次回答之后，向承包商进一步确认："这是你们想要的吗？"一般写下六七条很容易。然后，与承包商做同样的练习。"NASA想要什么同时也是我们能让他们拥有的？"结果相似，写下六七条并不难。同样，问NASA一方："这是你们想要的吗？"完成这些练习后，让人把结果打印出来，发给在场学员。

最重要的是，反复利用个人和团队发展评估工具。这会把你的关注点与心态转移到共同利益上。而且，再次评估会跟踪你和团队的进步，为继续努力提供支持。

第十四章
人们需要被包融的感觉

本章讲述的是继被感激的感觉之后，人们最需要的被包融的感觉。

我们总是戴上面具或者扮演一些角色，让我们获得他人的感激或被包融的感受。心理学家称之为“角色模型”，在拉丁语中的意思是面具。

在以下的这些背景下，你是否与完全真实的自我有些不同？

- 与你的好朋友一起去看球赛？
- 身着军装？
- 在大学口试中回答问题？
- 第一次向高层领导做汇报？

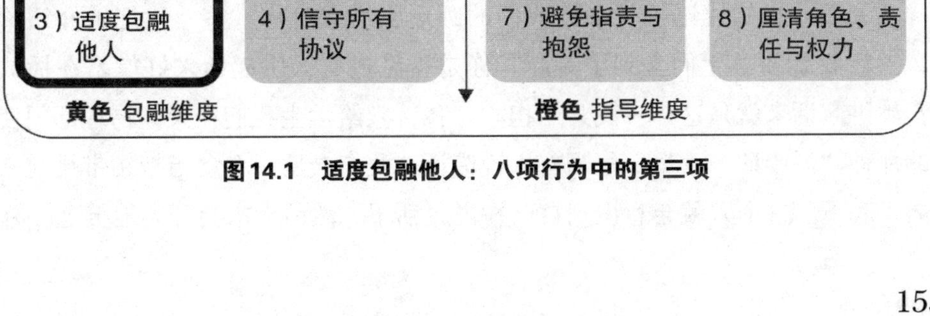

图 14.1　适度包融他人：八项行为中的第三项

这些简短的不同角色转换十分有用，就好像在冬天外出披上一件外衣，但是，当我们下意识地使用某些从孩提时候就开始使用的面具时，面具就会对我们形成局限：

- 深植于避免恐惧或痛苦之中；
- 阻碍我们与他人真诚互动。

大学校长的面具

我刚搬到博尔德的时候，很惊讶地看到博尔德报纸《每日摄影》的头版都是当地新闻。该报纸日复一日地攻击大学校长朱迪思·埃尔比诺，即使在华盛顿，我也从未见过这样的情形。观察了几个星期以后，我把她的困境视为领导力方面的问题。我把该报的头条新闻复印下来，发给我的本科学生。我们用了几堂课的时间讨论可以给这位大学校长什么建议。后来，我的学生在一个星期六的下午来到我家里，我们用"便利贴"完成了一封长达一页半的信，里面综合了20多人的意见。

几个星期之后，我的一个学生在一个社交场合见到了埃尔比诺博士。他向她做了自我介绍，说是给她写信的领导力班上的学生之一。埃尔比诺博士说已经收到了那封信并向他表示感谢。然后，他邀请她到班上来——我的学生都清楚他们是被授权的，可以发出这样的邀请。

我当时有两个错误的想法：1. 我可能会在博尔德大学得到一个永久职位；2. 该大学校长可能在这方面有一定的发言权。我希望校长这次经历愉快，所以就和发出邀请的学生一起与埃尔比诺博士先见了面。我解释说，我们的课是专门教授领导力的，并且承诺完全保密。我请她坦率地谈一谈她目前的困难和过去的经历。她向我们表示感谢，并答应了我的要求。

几天后，埃尔比诺校长来到我们的圆形剧场式阶梯教室。我把她介绍给大家，然后我就和学生们坐到了一起。你是否见过有人讲起话来好像是在播放磁带？她讲起话来就是这样。我开始担心。我曾教给学生我们在天体物理部门使用过的那种"说废话"手势。每当有人说废话，我们会用一个食指把领带挑起来放到鼻子底下。这个人就会意识到自己在说废话了，然后大家会开心地笑上一阵。

一位工作坊学员示范了另一种说废话的信号：把双手放到头部两侧，伸出两个手指来回摆动。这个手势的灵感来自蚂蚁把饼干推向蚁丘的情形。有时，一块饼干会因没控制好开始滚下蚁丘，这些蚂蚁就会向下方的蚂蚁摆动触须，发出信号："小心，饼干来了。"要是我的学生向校长发出了说废话的信号，我该怎么办？这是否会砸了我教书的饭碗？我变得焦虑起来。

我站起来，走到埃尔比诺博士跟前对她说："您知道，这个教室里有一些出色的领导，外界会在将来某些时刻对他们狂轰滥炸。《每日摄影》日复一日对您的报道是我以前从未见过的攻击。您能否向学生讲讲您打开前门拿起报纸时的感受？请您放心，在这儿讲话是安全的。"我回到自己的座位上。她依然故我。

几分钟后，我注意到学生在座位上要坐不住了。由于担心集体大规模地摆出说废话的手势，我又走到校长跟前，请她面对着我，然后说："埃尔比诺博士，请告诉学生每天早晨您开门看到《每日摄影》是什么感受。"我在说话时还大胆地拍了拍她的肩膀，看着她的眼睛说："我向您保证这里是安全的。"之后，我重新归座。

这一次，当她再开口讲话的时候，我们确实看到她把面具摘下来了。现在，她是完全真实地在对学生讲话了。我从来没有听过有如此说服力的动人话语，我们全都听入迷了。上课时间临近结束时，我极不情愿地打断了她。她的面具立即戴回，又恢复了磁带播放式的讲话。我向她表达了感谢，之后她离开了。

这堂本科生的大班课正好在午饭前结束。一张大桌子摆在教室前面的中心位置。我总是在下课前早早地站到桌子后面去。如果我站在任何一扇侧门前面，学生会在出门时把我挤到走廊里。这次等我站好，对大家说："下课，星期三再见。"没有人动。我不知道该如何是好，又坐了下来，还是没有人说话也没有人动。我走到教室前面："你们想干什么？"他们回答："我们想谈谈刚才所看到的。"我们又谈论了一个小时，直到另外有班要用这个教室才停止。最终，埃尔比诺博士放弃了校长职位，到丹佛去工作了。因恐惧形成的人格面具竟这样限制了此人的伟大之处，真是可悲。

有成效的领导者会选择什么时候戴上面具，什么时候根据背景展现真实自我。你觉得我在国会听证会上展现的是完全真实的自我吗？不是。我戴上了NASA主任先生这个面具，套用《星际迷航》（*Star Trek*）的术语，就是"举起盾来，准备战斗”。

《霹雳上校》

电影《霹雳上校》说明了不当角色的破坏力。海军陆战队飞行员布尔·米彻姆对自己的孩子像对士兵一样训话，他称他们是猪，厌烦他们对搬到新镇子的抱怨。他命令他们住嘴，就好像指挥部下要飞行1530小时，然后他问：“清楚了吗？”孩子们回答：“清楚了，先生。”

布尔继续说：“你们是海军陆战队的孩子，其他的孩子吃棉花糖的时候，你们就能嚼钉子了……让这座冰山知道你们在这儿。我要让那些疯子醒过来，看看是谁来到了这个镇上。好了，傍晚时这块营地要保持干净整洁，达到接受检阅的水平。都听明白了吗？”

孩子们回答：“明白了，长官。”接着布尔高喊道：“我说，你们听明白了没有？”孩子们异口同声地回答：“明白了，长官。”然后布尔对他的儿子本说：“出列，中士，解散你的部队。”本（沮丧地）说：“解散。”他的女儿玛丽安后来说：“他确实使我想起了电影中的人，不过不是瑞特·巴特勒。”凯伦问：“那是谁？”玛丽安说：“哥斯拉。”

工作坊学员选择一种他们实际可能使用的角色，我在图14.2中有所展示。角色经常会与某人的内在天性相呼应，但也不完全如此。如果有些人说他们不能识别自己的角色，他们的团队成员很容易就能帮他们找出一个。你能否自己找一个？我最初的一个角色是超能干博士。

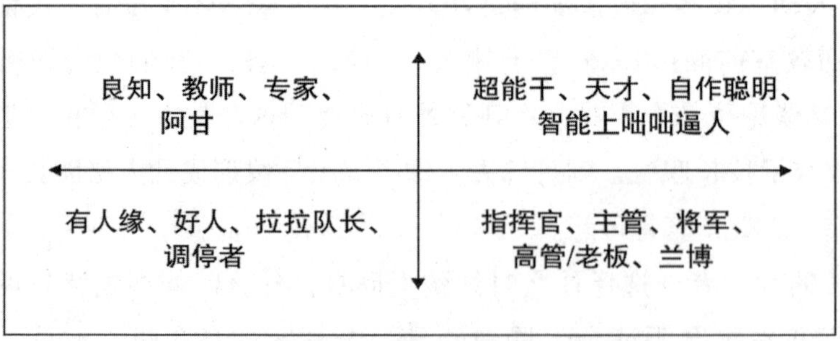

图14.2　工作坊学员的角色模型案例

采访你的面具（角色）

在每个人选好了一个角色之后，大家组成双人组开始互相采访，使用以下的形式。要明确的是，在这里我们不是在采访某个真人，而是在采访他们的角色。我现在用采访超能干博士来演示这个过程：

采访者：请把你的角色介绍给我。

超能干博士：我是超能干博士。

采访者：很高兴见到你，超能干博士。说说你自己吧，什么是你最得意的？

超能干博士：我很聪明、很厉害，这一点让我感觉很棒。

采访者：在你眼里其他人都怎么样？

超能干博士：事实上，你们大家看起来都有点儿笨。我需要这样看待你们，这样我才能感到自己超级能干。

采访者：你的领导力体现在哪儿，超能干博士？

超能干博士：噢，这很容易，我比任何人都聪明。

采访者：你的领导弱点在哪儿，超能干博士？

超能干博士：对不起，我不明白你在问什么。

采访者（笑着说）：好吧，我们继续。这样的角色在工作中有什么好处？

超能干博士：我觉得比所有人都强、都厉害、都聪明。

采访者：你最害怕什么？

超能干博士：（表达惊慌害怕的情绪）出错。

采访者：放下角色，回到你真实的自我。

查理：这样感觉好多了。

采访者：你知道这种角色是如何在童年产生的吗？

查理：知道。我在童年很多时间是和移民到美国的祖父待在一起，祖父从一个扫地的爬升到一个油井供应公司的首席执行官。他教会我很多东西，当我看起来显得聪明时他就奖励我。

采访者：你还意识到自己其他方面的什么问题吗？

查理：意识到了，这个超级能干的面具真是很难受啊。我很高兴自己很少戴着它。

我相信是因为恐惧的情绪使得我们常常下意识地戴上面具，而这些面具使得我们无法与他人保持真诚的关系。

其次重要的是什么

继被感激的感觉之后，你认为还有什么对人们极为重要？自然是被包融的感觉（请注意“感觉”这个词再度出现）。如果你老板邀请所有人去参加一次重要的会议，唯独没有请你，你会怎样？无论是有意还是无意的安排都会令人伤心。商业组织在日常管理中，包融这个部分做得很差。对于团体成就奖的松散管理就是一个典型的例子。

4D系统提供了怎样深刻的见解呢？在图14.3中可以看到，“人们最想要的”和“其次想要的”这两者都在情感方面上。而你的习惯是否倾向于情绪面呢？你是否特别注意自己在包融方面的心态和行为？对我们多数人而言，回答是“没多少”。

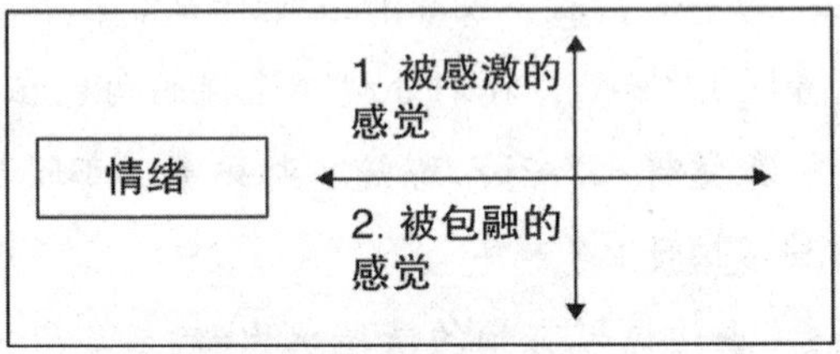

图14.3　情感方面最重要

有效包融始于采取正视包融重要性的心态，然后再去注意你如何做到或没做到。简单而言之，包融就是我们如何放权、分享信息和回报他人。过多包融不一定更好，我们寻求的是周全而适当的包融，以下是关于适度包融的一些想法。

首先，不伤害他人

避免因欠考虑而把要通知、开会和奖励的人遗漏。我说欠考虑是因为如果想让某人极其难堪，你会有意把他排除在外。他们会很快离开，但在离开时，他们会最大限度地进行破坏。

以下是一个因为欠考虑而在包融方面出问题的故事，而且是发生在一次庆祝活动中。几年前，我曾与一支提案团队共事，该团队的领导是一位公司返聘的退休主管。对于那个项目已经按部就班工作了几年的人们而言，这位返聘的主管几乎派不上什么用场。他只接纳自己组建起来的新团队，于是，那些被排除在外的人用行动表达了他们的不满，权力斗争随处爆发。

在他们提交提案等待结果之前，我采访了团队成员并为管理层准备了一份专题陈述。当管理人员看到诸如“这就像《蝇王》中的故事”的评语时，都惊得目瞪口呆。“你不能把这个给员工看，这会让他们很沮丧。”“你以为我从哪里得到这个结论的？”我回答。经过一番讨论，我给团队拿出了一个比较温和的版本。没有人感到意外。

令人难以置信的是，他们的提案竟获得了通过。我只能假设这项计划的竞争程度低。负责的副总裁让提案经理组织一个庆祝会，公司邀请我去参加。当副总裁向提案贡献者致谢时，她向那位退休主管的小圈子团队表达了谢意，但却完全忽视了原先按部就班工作的团队成员。我看到他们中的一个成员砰的一声把头垂到桌子上，我走到他身边，他骂道：“我再也不会为这个狗屁公司搞什么提案了。”具有讽刺意味的是，这次的庆祝活动结果是弊大于利。因为欠考虑而将有功者排除在外所造成的伤害有时是很深的。

一位4D客户想要奖励那些为一个项目工作了六年以上的人们，他很清楚，将任何人排除在外都会造成不良的影响，即使这种排除可能是无意的。所以，他把一张大照片挂到大厅里，并邀请每一个为该项目作出贡献的人在照片上签名，并领取一件T恤衫。令他吃惊的是，很多他从未听说过的人曾为这个项目做出了贡献。他们愉快地在照片上签了字，领了T恤衫。我们现在看到了一个强有力的包融行为，其结果给人一种被尊重的感觉。

认真聆听

菲利普·斯坦霍普（切斯特菲尔德伯爵，18世纪英国政治家）曾经说：“很多人都宁愿你听他讲话而不是满足他的要求。”

作为NASA的一名管理者，我常常不得不重新分配资源，把钱从一个地方挪到另一个地方。我尽可能做到公平、客观。因此，当失去经费的一方的工作人员就我的决定坚持与我理论时，我不能理解。情况似乎很清楚，在我看来，任何一个理性的人都会做出同样的选择。后来，我决定进行一项实验。我邀请失去经费的员工事先向我提出他们的意见，我认真地听，并且他们需要多少时间我就拿出多少时间。

其实，我知道，这些意见很少会影响我的决定。然而，经过谈话后，人们会欣然接受对他们不利的决定。与赢得争论相比，他们更需要“被聆听的感觉”！我越来越相信，被聆听如同食物和水一样重要。正如迪安·腊斯克（一位美国国务卿）所说：“最好的说服是用上你的耳朵。”

而且，马斯洛的需求层次理论也证实了这一观点。在这个三角形的图表里，最底层包括空气、水、睡眠和食物；接下来的上一层级是安全感；有趣的是，在此之上是归属感。马斯洛的观点是，只有你在一层次得到满足之后，才能晋升到上一个层次。这就意味着人们在感到被感激和包融之前，不可能向更高层的任务（比如解决问题或进行创造）迈进。

包融的方式

试着用肯定的语气说：“我有15分钟可以和你谈谈。”而不是用否定的语气表达：“我只有15分钟时间和你谈。”同时注意你的身体语言，不要隔着桌子跟人说话。我的老板伦恩·菲斯克过来看我时，他总是走进来，关上门，然后我们面对面坐下来。除了和我谈话之外，他心无旁骛。我感受到包融的同时，也感觉到了感激。而他的副手则会站在门口对我讲话，那种感受是截然不同的。

分享个人信息可以建立信任，因为这显示出你愿意示弱。根据你与他人关系的深浅去分享一些适度的个人信息，而对于新建关系则要保持专业性的资讯共享。

我以前为TRW（现在的诺斯罗普·格鲁曼公司）提供顾问服务时，我的客户通常是公司副总裁。副总裁的人员变动率很高，所以我经常不得不去说服新的客户，让他相信我能创造价值。我知道他们当中流传着关于我的说法："顾问收取昂贵的费用，只不过要告诉你已经知道的事。"

因此，每当我与一位新客户第一次见面时，我都会这样说："我从十八岁起就已经在公司打工了，是从带薪实习开始的。现在，我人生中第一次为自己打工。贵公司就是我的家，我在这里有广泛的人脉关系，曾和大家一起做过项目。我与贵公司有很深厚的感情。作为顾问，在这里工作对我来说其意义已远远超过了金钱所得，我需要这种归属感，属于与我有着相似经历的集体。"你能看出这些"绿色情节"怎样改变环境氛围了吗？

让别人容易包融你

我在科罗拉多大学任教时，按州法律要求，我要把办公时间张贴在办公室门上，而且办公时间人要在办公室，这样学生就可以找到我。学生在办公时间找我时，我必须放下一切事情，一心一意专注于学生的事，他们需要多少时间我都会奉陪。

我的好朋友托尼·卡里奥是美国国家海洋和大气管理局（NOAA）的负责人。他给我讲了这样一个办公时间的故事。他那份工作有一个好处，就是有权使用国家海洋和大气管理局的任何船只和飞机前往世界各地。在国会的预算听证会期间，他就做了这样一次旅行。主席走进听证室，问："卡里奥在哪儿？"虽然他的副手表示了非常诚恳的道歉，主席还是敲着槌说："他会为此在管理局的预算中付出代价。"然后就走出去了。卡里奥很快就回到城里，想办法去见她，但遭到拒绝。随着时间一天天过去，他变得越来越焦虑。后来他想到了"办公时间"。

她每个月都会留出一天时间接待选民。托尼去了她的办公室，签了名，坐下来等。经过了一段相当长的时间，他们叫到了他的名字。他带着一盒巧克力和一打玫瑰花进去。她笑了，热情拥抱了他，从那以后一切顺利。一旦把办公时间贴出去，你真是不知道会发生什么。

最后，通过感激他人的包融让别人能够比较容易地包融你，这很简单，你只需说："谢谢你在这个决定中这样包融我，我很感激你给我这个做贡献的机会。"

修复问题项目

康普顿伽马射线天文台（CGRO）是四大天文台计划中的第二座，是最有创新性的项目。我们甚至与重要承包商有个非正式约定，共同分享因创新而节约下来的资金。

在项目早期，我意识到出现了一个严重的问题。其中的一项创新，用于制图的高度自动系统不工作了。如有延误，后果不堪设想，所有的时间表都要变化，而且会造成巨额超支。你也许很难相信，有一段时间，联邦政府预算出现赤字的结果是总统削减项目。当伽马射线天文台出现这一问题时，管理层和预算部门正在寻求能取消的项目。如果我在该项目中出现严重超支的状况，我敢肯定管理层会取消项目，结果不仅仅是这个伽马射线天文台项目的终结，所有那些大天文台计划都要停下来。

尽管一般人不知道，NASA历史上预算的90%花在了合同上。所以，问题出现后的通常做法就是去造访承包商的工厂。天体物理部门每年在合同上要花掉7.5亿美元，主要是复杂的太空系统项目。尽管花了一些时间，我最终还是意识到，去和承包商谈论那些技术困难非常不错，但对修正问题却基本上意义不大。我然后告诉伽马射线天文台的承包商，在他们未准备好修复方案之前，我不会去他们那里，但我希望能很快去拜访。我就修复方案给他们提供了非常具体的指导，包括立即动用所有预备金的可能。我在第二周去了他们工厂，并审查了他们的方案。

他们的回馈让我印象深刻。尽管那时我还不知道有4D系统这回事。他们的方案涉及了所有四个维度。他们开始给了我一个每3周为一个阶段的修复方案（指导维度）。他们还会以从前的方式用手工制图。新的制图方式很快，可以让我们在9周之内赶上原定计划。我们用现有预备金冲抵额外成本，差不多能维持我们原定的总时间表。这一切会使我们处于那些搜罗削减项目的人的视线之外。

现在，我们的承包商如何能激发其技术人员和工程师投入巨大努力呢？该承包商的项目经理向伽马射线天文台团队深刻阐述了这里的核心价值。赌注很高，无论他们个人的职业声望还是公司的命运都在此一举了（培养维度）。这样，每个人都有了解决问题、拯救项目的积极性。

伽马射线天文台设计良好并且有适当的预算计划，特别是对于主要承包商工厂的工作。承包商的项目经理还迅速做出了最基本的预算估计，并且向伽马射线天文台团队承诺，以后他们永远都不会让类似的事情发生了（展望维度）。

承包商包融维度中的创新行动是我讲这个故事的主要原因。他们告诉修复团队："我们知道你们已经准备好了。但是，你们的家人将会在此期间受苦。如果我们每3周一个阶段如期完成任务，公司会在你们选择的任何餐厅招待你们的家人，并且让你们在周末放假，周一再回来上班。我们希望这一点点表示能表达对你们的感谢。"

我们很快让伽马射线天文台项目重返原来的日程，而很少有人知道我们曾经有过这么大的麻烦。我相信，他们4D的挽救方案是项目得以幸存的关键。

包融要有限度

过多的电子邮件是否成为你的负担？一个典型的整天坐在电脑旁的工作人员，看邮件达50多次，使用即时信息77次。这是一家名为"拯救时间"（Rescue Time）公司，分析人们使用电脑习惯得出的结论。这家公司通过安装在用户电脑中的跟踪软件从40000人那里获得了数据。他们发现，平均每个工作人员在一天的工作过程中要浏览40个网站。另外，博赛思（Basex）调研公司估计，一年中不必要干扰的成本高达6500亿美元。

我提出两个简单的应对策略：尽可能避免"全部回复"选项，每5个邮件回复3个；可能的情况下，把整个信息在主题栏表述清楚，我发现，邮件越长，得到答复的概率越小。

密歇根大学教授约翰·托普曼（John E.Tropman）经研究发现，公司一半的会议是无意义的，他称会议是"无能的社会舞台"，是经理们用来逃避工作的。

我们力劝团队撰写类似下面的会议规定，并将之张贴在会议室内。每次会议都有一个会议主持人，他要确保遵守以下事项：

- 制定会议议程，邀请与会人员，并说明会议目的是“信息公布”还是“决策制定”，这样人们就可以决定是否需要参加。
- 会议时间如果超过30分钟，需要解释为什么（一次会议或较长会议中的一节最长不超过50分钟；在这么多连续召开的会议中，长达60分钟的会议一般是因为习惯性迟到造成的）。
- 会议准时开始，规定提前几分钟到场。我们公司的做法是，电话会议迟到1分钟，罚款5美元。因为我们分布在各地，这些罚款用来支付下次吃饭时的小费，还可以提供向他人表示感激的机会。
- 确保协议符合行为规范和会议规则。
- 记录并且发放会议纪要及行动细则。

与会人员应该：

- 准时到达（迟到者应该安静地入座，利用下一章中的流程处理这次违反协议的行为）。
- 支持指定的会议主持人。

项目经理的“真相翻译宝典”

当然，这是一个幽默的说法。

- “基本结束”意思是：我们完成了一半。
- “我们预计”意思是：我们希望神助。
- “风险虽高但仍可承受”意思是：需要10倍的预算和10倍的人力，我们只有50%的成功概率。
- “可能的惊艳之笔”意思是：团队已经更新了人员简历。
- “严重，但没有解决不了的问题”意思是：需要奇迹发生。

- “团队需要整顿”意思是：25个连正常工作也做不好的人需要批评。
- “系统为提交做好了准备”意思是：钱花完了，我们只好罢手。

小结

角色采访练习在工作坊的背景下很有效。但我还是认为，对于技术团队而言，在工作环境中做到这一点实在太难。

因此，我建议你把团队聚集到一起做以下练习，先确定大多数团队成员都读过本章内容，然后邀请人们分享一下他们的见解。接着，让每个人写下限制团队绩效的过度包融（例如太多邮件、会议管理方面纪律要求不严等）和包融不够的情况。

让团队成员读一下他们写下来的内容，并且列出改进行动项目。当然，自己做一下这个练习也有帮助。

最重要的是，反复利用个人和团队发展评估工具，这会把你的关注点与心态转移到包融他人上。而且，再次评估会跟踪你和团队的进步，为继续努力提供支持。

第十五章
建立信任背景

你的可信度到底有多重要？戴明品质管理公司主管约翰·惠特尼认为，由于不信任，高达一半的日常业务活动被干扰或浪费。以下是我最喜欢的一句关于信任的话："我们往往以自己的意愿评判自己，却以他人的行动评判他人。"这句话被很多领导力方面的书引用。

爱默生有句名言："你的行动已经说明了一切，不必解释了。"你怎样评价自己在处理这些具体协议时的习惯？参阅图15.1中的第四项行为。

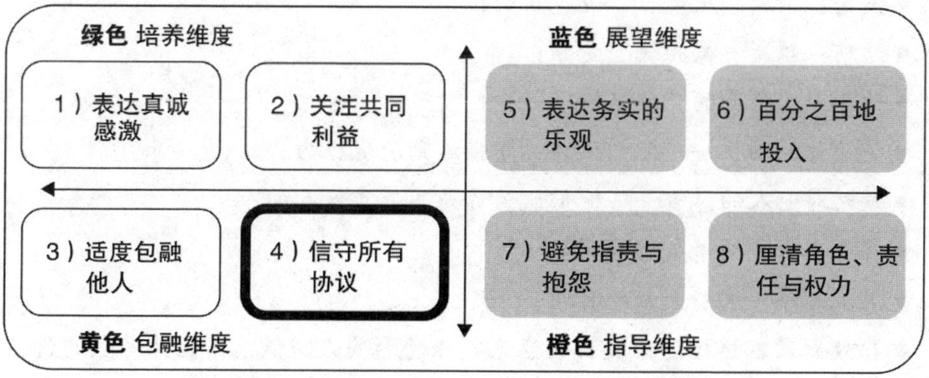

图15.1　信守所有协议：八项行为中的第四项

- 按协议完成工作；
- 实现预算承诺；
- 实现对家人的承诺，例如按时回家吃饭；
- 对你要求他人的事负责。

最后一个要求尤其重要，当权力差距过大时，比如政府与承包商之间或承包商与分包商之间的关系。人们经常在要求下属做事时，根本想不到自己要承担的责任。施加压力让对方签署协议，在他们无法达到协议要求时，便严厉苛责，这样做非常不公平。

你如何管理隐性的约定，比如按时出席会议？很多人并不认为会议也是一种协议。如果你转变心态，就不会在出席会议时迟到了。

信守协议的心态使人更显诚信，诚信的意思是言行一致。你一旦失去诚信，在别人眼里就会失真，就像漫画栏里印刷出错的漫画。

不守会议约定的代价

很多人有开会迟到的习惯，不在意自己对他人造成的影响。下面是这种心态的代价：

- 你会助长愤怒和悲伤的情绪，降低会议的情绪品质；
- 愤怒：烦躁、厌烦、沮丧、猜疑；
- 悲伤：疏离、被拒绝、受辱；
- 你会引发负面的“故事情节”；
- 关于你的动机——他们认为你想借迟到展现权力；
- 缺乏对他人的尊重——他们认为你是不尊重他人的人；
- 在生产力方面造成影响；
- 混乱无序，浪费大家的时间；
- 导致大家不愿接受你提出的意见，你的影响力降低，因此你贡献的价值也降低；
- 你显然是刻意地把自己同他人区分开；
- 你把大家的关注力从会议议题转到个人之间的冒犯。

是否值得为迟到付出这些代价？

一位经理在第二次参加工作坊时对我说：“那些讲会议的东西一点也不起作

用。”“告诉我怎么回事。”我问。“噢，在参加上一次工作坊后，有个每周例行的员工会议，开始1分钟后，我就把门锁上了，迟到的人就在外面一直敲门。但是问题出现了，紧接着下一周的员工会议我迟到了1分钟，他们也把我锁在外面了。”我说：“对不起，弗雷德，你错过了最重要的一点。除非每个人都同意这么做，否则就不能叫作约定。”

如何处理违反约定

我们都会时不时地违反约定，这些原因包括：

- 缺乏纪律；
- 计划不周；
- 意外情况。

假设你和我约好下午3点见面。我提早离开办公室，在正常情况下，会有充足时间到达地点。可是，一个交通事故造成交通堵塞，我迟到了15分钟。我是否违反协议了呢？是的。

然而，你因何违反协议并不重要。违反了就是违反了，没什么可商量的。如何处理会对你的可信度产生非常大的影响。力荐大家采用下面四个步骤处理违反约定的情况：

1. 告知真相，比如“我违反了与你的约定”；
2. 描述情况；
3. 告知在未来如何预防这种情况再度发生；
4. 最后，表达遗憾和歉意。

为什么把致歉放到最后？因为人们太容易利用道歉作为挡箭牌。注意前面的例子，我本可以简单地打个电话，重新商定见面时间，从而避免一次违反协议情况的发生。

这正是关键。如果你意识到这个不愉快的处理过程，以后在违反约定前，对待约定就会谨慎得多。

小结

我建议你把团队组织起来，做如下练习。先确保大多数成员都已读过本章，邀请大家分享一下心得体会。然后，让每个人写下他们过去在遵守协议习惯方面的“红色故事情节”。例如：“我有时会违反协议，这又有什么大不了的？别人也会呀。”然后，请他们把这些转变成“绿色故事情节”，比如，“我如何信守约定会极大地影响我在人们心中的诚信度”。

然后，请团队成员写下一些他们觉得特别难以遵守的约定。

请团队成员谈谈他们所写的内容并列出改进行动事项。当然，你自己做这个练习也会从中受益。

最重要的是，反复利用个人和团队发展评估工具。这会把你的关注点与心态转移到信守所有约定上。而且，再次评估会跟踪你和团队的进步，为继续努力提供支持。

第十六章
创造力与投入

务实的乐观愿景能使不可能成为可能（图16.1）。我相信你能轻易说出这些愿景的出处：

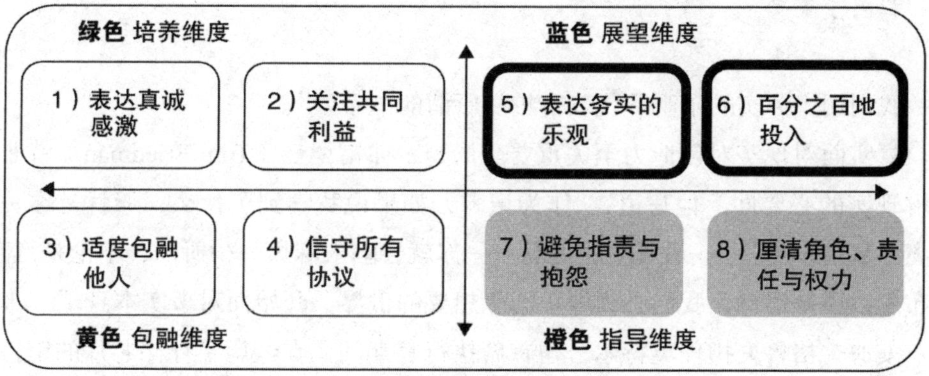

图16.1　务实与投入：八项行为第五项和第六项

- 利用自行车技术建造一个比空气重的飞行器。
- “在五年之内，让我的小店成为阿肯色州利润最高的店”。
- “我梦想有一天，黑人的男孩和女孩与白人的男孩和女孩能手拉手，情同手足。”
- “在十年之内，人类登陆月球并且能够返回地球。”
- “人人都能拥有汽车。”
- “有生之年看到新物理学”——这是我在推销那个经费达80亿美元“大天文台”计划时描述的愿景，我在本章会详细描述。最近，一位同事对我说：

“我看不到有什么新物理学。”我说：“请耐心一点儿，我还活着呢。”

务实的乐观

肿瘤专家杰罗姆·古柏曼（Jerome Groopman）2003年曾说过这样的话：

> 与乐观不同，希望根植于纯粹的现实之中。我们用心灵的眼睛看到一条通向更美好未来的路时，希望就是那种振奋的感觉。希望承认路上有艰难险阻，也有深深的陷阱，真正的希望没有幻想的空间。在头脑清晰的情况下，希望使我们有勇气面对现实，同时赋予我们战胜困难的能力。对于我所有的病人，希望，真正的希望，已经被证明和我所开的任何药物或进行的任何疗程同等重要。

我们用“务实的乐观”代表古柏曼所谓的“希望”。

真实面对现实对创造力至关重要。汤姆·弗雷德曼（Tom Friedman）就非常理解现实的必要性，他写道：“作为记者，如果说我学到了什么，那就是你一旦远离‘事情本身’——最真实的情况——你就会陷入麻烦……所以，不论是汽车、喀布尔，还是银行，我们必须停止幻想想要的世界，开始面对事实本身。”

安迪·格鲁夫担任英特尔公司首席执行官期间，在经历了存储芯片的销售利润下滑后，便召集了自己的管理团队研讨。团队成员表示，他们有信心提升工作效率，并且比他们的日本竞争对手更快速降低生产成本。安迪表示怀疑，认为他们在过去制造存储芯片的决策，会影响他们认知现实的能力。

为了创造一种新的背景，安迪请几个他最尊敬的团队成员，设想英特尔董事会解雇团队所有人而聘用一支新团队，然后他问道：“新的管理人员会怎么做呢？”这些人的回答是，将英特尔公司的工作重点放在微处理器上。用这种方式让人直面纯粹的现实确实很有意思。

吉姆·柯林斯（Jim Collins）在其著作《从优秀到卓越》中写道：“面对残酷的现实，平庸的公司选择解释和逃避，而不是正视。”

用真相激起希望

心理学家威尔·舒尔茨在其著作《真相选择》（*The Truth Option*）中写道："创造了解真相的气氛是人们很少尝试的一件事——然而，它却能使人精神饱满、活力四射，想方设法改变现状，从而提高各个方面的工作效率。"

我曾与一位副总裁领导的提案团队合作，去争取一个数十亿美元的合同。这支团队士气低落，让大家都很忧虑。我们进行了一次4D团队发展评估，里面涉及一些特别因素，其中包括获胜概率。该团队的获胜概率很低，只有百分之二十左右。团队领导问我怎么办，因为这肯定将成为一个应验的预言。

我告诉他："你的问题是，你一直在宣扬毫无根据的乐观。你需要转到基于现实的乐观上来。想想你每天早晨的动员讲话吧。你告诉他们，这个项目就是他们的，不可能失去；他们一直处于领先，只要继续努力，胜利是毋庸置疑的。"他问："这有什么不对吗？"

"问题是，很少有人相信，你说的话大家都听腻了。你需要说出完全真实的情况。"我继续说，"告诉他们，这次要赢非常难，他们没有得到所需要的资源，很可能位居第二。然后在直面现实的基础上发出倡议，这个倡议要给人以希望，能激发快乐的情感。告诉他们，管理层决心要赢得这份合同——这就是为什么你会在这里，你要为团队全力去争取他们需要的资源，并保证做到。"

这位领导接受建议，向团队传递了这样基于现实的乐观信息，并且每3周进行一次4D团队发展评估。该团队进步明显，提升了获胜的概率，最终他们赢得了这个合同！

创造你想要的项目

1. 你必须从基于真相的纯粹事实开始。正视纯粹事实很难，逃避事实是人类的本性，下面的探究可以帮助你了解事实：

   a. 我们在哪儿？虽然我们跨越了某个里程碑，但是并没有真正达到所有要求。

b. 我们怎么到了这里？我们用 PPT 幻灯片迷惑了审查委员会，还欺骗了赞助者，看起来好像比冒着被取消的风险好些。

c. 为什么会有那么多新的技术要求？作为项目经理，我没有努力阻止来自部门提出的新技术要求（航空航天组织采用矩阵式管理。他们在职能型组织中安排了技术人员，然后把这些人借给项目团队）。作为赞助者，我在项目被批准前少付了研究阶段的支出，只投入了项目估计成本的百分之二。作为承包商，我忽视技术开发的成本，认为以市场价报价是合理的。

2. 现在，你已经在面对现实，你想创造什么？

a. 我想利用现有资源创造一支精干、高效、积极的橙色团队，并且有足够资源把工作做好，除此之外，一分钱也不多花。

b. 我还希望我们的团队成员能够照顾好他们的家人。

3. 你如何才能实现这一切？

我利用本书中的方法创造一支高绩效团队。解雇项目管理人员将是我的最后选择，而且只有在理由充分的情况下才会做。

（1）首先，我们评估性格基础、文化背景和项目模式的一致程度并按要求在这三个领域中采取行动（一个为期3天的4D工作坊可能会有用）。

（2）对所有组织机构进行团队评估，对所有关键人员进行个人评估。

（3）团队领导马上通知团队成员评估结果，包括分派任务，需要改变的个人接受教练指导。

（4）在适当的间隔时间，比如3个月，重新安排4D团队和个人发展评估。

（5）在每次艰难交涉前，我要使用背景转变工作表（也许需要一位4D认证教练的帮助），这样，赞助者能听到他们需要提供给项目所需资源的事实，最终以最高效的方式完成任务。

全身心投入结果

《苏格兰喜马拉雅远征》（*Scottish Himalayan Expedition*）的作者 W.N. 莫雷曾说过这样的话（他从歌德那里引述的）：“一个人全情投入的那一刻，天意也会随之而动，原本不会发生的事情都会发生……一系列人们从未梦想到的事……会一桩一桩接踵而至。”

我们称“坚定地全身心投入”为百分百地投入。这是本书中最神奇的见解，讲的是我们的投入程度与我们对现实的认知之间的直接关系。

你可能对“红色敞篷车综合征”比较熟悉。你是否曾经想过要买某一种特别的车？随后你就处处都见到它们？我的妻子顺子第一次从日本搬到这里时，我们停在了一辆金属紫色的轿车旁。她对我说：“我以前从来没有见过这种颜色的车。它们在美国很普遍吗？”我说：“不普遍。我以前也没见过几辆。”但在接下来的10分钟里，我们又看到了4辆。

有时候，事情就是这样不可思议。一次去欧洲旅行，丹佛机场的列车车门把顺子带轮手提箱的提手卡坏了。后来在华盛顿特区转的时候，一路上我们看到九成的旅客都拎着类似于顺子那只坏了的带轮手提箱。正是想要更换箱子，使我们对各种带轮的箱子变得高度关注。

致力于结果与哈勃维修任务

人们过去常对我说：“完成哈勃维修任务，想必是特别困难吧。”实际上，这是我做过的最容易的事。所有的创伤和争议都让我百分之百地投入到修复望远镜的任务之中，而百分之百的投入让我自然而神奇地找到了解决方案。

哈勃太空望远镜科学研究所的科学家申请5万美元经费，研究可能出现的维修问题。30分钟后，他们带着钱离开了。一般情况下，要争取到5万美元经费是件不容易的事。

当时，没有人愿意听到维修任务。事实上，当时也不清楚是否会有维修任务。控制NASA预算的国会代表直接告诉我，他们不会给维修任务拨经费。因此，我就和我的预算分析师一起，在一小时内找出了6000万美元。要是换作从前，别人动了我的计划经费，我可能早就离开NASA了，而这次轮到我了。我把我的员工都请来，告诉他们我所做的一切。没有人抱怨。

当时，没有人愿意跟出问题的望远镜扯上什么关系。我列出了一个NASA高级专家的名单，准备进行一次维修任务（这是在我们知道技术修复是可能的之前），并给每位专家打了电话说："我决心对哈勃进行一次太空维修，你会帮忙吗？"

每个人都热情地答应帮忙。

我发现NASA一个研究中心的哈勃负责人对维修任务投入不足，不能确保维修任务的圆满执行。唯一能取代他的是他的中心主任，而这位主任有两周休假，当时他正在帆船上度假呢。我告诉我的老板，我不可能一直等到他回来。于是我们给海岸警卫队打电话，请他们找到他的船，并转告他，请他立刻回到总部。他怒气冲冲地赶回来，问我的老板（带着骂人的腔调）为什么让他来这儿。老板指着我说："让他解释吧。"我对这位中心主任说："是这样的，我觉得你的那位负责哈勃维修任务的人不行。去找一个合适的人来干，你就可以回到你的船上去了。"他怒气冲冲地离开了。当天就换上一位能百分之百致力于哈勃维修任务的负责人，我猜他又回到他的船上去了。

鲍尔航空（Ball Aerospace & Technologies Corp.）一个聪明的工程师设计了一个名为"COSTAR"的修复瑕疵镜片的装置，预计这一维修装置要耗资约2000万美元。购买这样的装置通常会需要几个月的时间，因为采购过程缓慢。我去找航天局的采购负责人，对他说："我要一份从明天就开始建造 COSTAR 的合同书。"他说不可能，还问我要是其他公司有意见怎么办。我说："谁有意见让他来找我，我会负责的。"他看着我的眼睛，从中读到了百分之百的保证。于是鲍尔拿到合同，工作开始。

我的哈勃维修负责人来找我，说："约翰逊太空中心（Johnson Space Center）现在拒绝安排专家去执行维修任务，他们想等到我们快起飞的时候。我担心那样是否会有足够的时间。"这些宇航员穿上太空服，在"户外"作业，修复望远镜工作极度危险，宇航员要在约翰逊航天中心工作并接受培训。

我在哈佛商学院的时候，曾和大家讨论如何用引人注目的举动"首先引起他人的注意"。如果大家不交流，就在周末把所有办公室的门摘掉；要是你难以顺利召集员工开会，那就把会议安排在凌晨4点。现在是要引起约翰逊航天中心注意的时候了，而且时间刻不容缓。

美国NASA署长有一架很棒的公务飞机，是一架湾流三号飞机，名为"NASA一号"。海军上将迪克在哈勃望远镜危机期间任美国NASA署长，这架飞机他用得很少。我和秘书想着怎样才能如愿使用上“NASA一号”，只需让里面坐满14名高级管理人员。手里有这样一个大项目，实现这一点困难不大，“NASA一号”毕竟不是“空军一号”，如果能够如我所愿，自由地飞来飞去，像火箭一样升到44000英尺的高度还是很酷的。由于“NASA一号”的标志，我们从来没有因空中交通管制而延误。

我请约翰逊航天中心主任亚伦·科恩召集他的高级员工和宇航员候选人，讨论有关哈勃维修任务的安排；另外，准备几辆汽车到埃灵顿空军基地接机（我们驾驶“NASA一号”到那里）。飞机一起飞，我们的飞行员会以无线电形式通知预计抵达时间。我精心从总部选择了14名哈勃高级主管，再加上戈达德（美国物理学家，火箭工程学的先驱者）。我相信，亚伦和他的团队见到这个阵式再加上我们的交通工具，会既感到震惊又觉得荣幸，并马上会明白我们对此事的重视程度。当然，我们首先感谢他们，说明我们共同合作的意图，展望彼此都满意的结果，同时请他们早日安排执行任务的人（如果是一场权力之争，结果肯定是灾难性的）。很快，约翰逊航天中心就派出了执行维修任务的宇航员。

因此，如果你遇到这种情况，需要权力人物的注意，请记住这些例子，看看自己投入的程度；相反，如果有人说你的行动大胆而疯狂，你很可能已经百分之百地投入进去了。

我的日本妻子

实际上，我百分之百投入哈勃维修任务中的时候，并没有如此形容我的行动，因为之前也从未听说过“百分之百投入”的概念。多年以后，我参加了凯特和盖伊·亨德里克斯举办的身体心理学认证课程，我向盖伊提起自己已经离婚10年了，该是考虑再婚的时候了，他说：“你不知道心想事成其实很容易吗？”我当时目瞪口呆，盖伊继续说：“你开车来泉源市（Springs）吧，我们在那儿一起吃个午饭，好好谈谈这件事。”

几周之后，我从博尔德开车去泉源市与盖伊共进午餐。他解释说：“心想事成的方法是百分之百地投入，然后你就知道该怎么得到它了。”我想到了哈勃维修任务，并意识到发生的一切恰好说明了这一点。之后，我又想到了婚姻，意识到我其实对再婚的态度很矛盾，而这正是一直没有合适的人出现的原因。

长期以来，我一直对日本人抱有好感（我曾经在8到13岁时住在日本冲绳县，我的日本情结可能与此有关）。我担任天体物理部门主任期间，曾与日本同行保持广泛的互利合作关系。我从NASA退休后，担任博尔德—冲绳友好协会的美方会长，与一群日本“宇宙女士”建立联系，她们来博尔德时住在我家里，我去日本时则住在她们家里。

一天，我突然有了一个想法，我愿意百分之百地投入再婚这件事上，而且，我知道我的未来妻子在日本。我停下工作三个月，搬到日本山行县。住在日本的小县城里，不怎么会讲日语成了很大的问题，而我在日本租的房子租期是三个月，不能轻易搬家。因此，我就经常前往东京，去赴由哈佛同学为我安排的约会。照顾好员工，包括帮他们找对象，都是日本公司高管的职责。然而很快我就发现，在日本谈恋爱要比在美国慢十倍，我的计划行不通。

期间我去冲绳待了一周。回到东京的宾馆，我发现有很多的电话留言等我回复。我的“宇宙女士”朋友已经帮我找到了合适的对象，她住在札幌，名叫顺子。不巧的是，在我计划启程回家之前，都没有合适的时间见面。

通过第三方进行沟通之后，我邀请顺子来博尔德——很多现在已婚的“宇宙女士”都曾这样做过，而且，如果我们将来结婚，也会定居美国，因为我不可能在日本工作。这次对话持续了几个星期，然后就没信了。一天，我收到一份日文写的传真。我研究了一下，看出是一张航班时刻表，城市的名字是用英文手写的。顺子将在周六抵达，并且要和我在博尔德度过一星期。

我去机场会见一个我不了解、没见过照片，也没交谈过的女人。我站在那里等着，手里举着一块写有她名字的牌子。坦白地说，她的到来令我非常惊奇。后来她向我解释，新年是最重要的假期，她的新年梦想是今年遇到自己命中注定的人生伴侣，而她是在那年的12月末了解到我的情况的。

我们一起度过了一周，像今天一样，我那时几乎总是做错事（比如带着她到偏僻的乡村在大风雪中行走）。尽管如此，我们两个都做好了准备，百分之百地投入，而且完全坠入了爱河。后来，我们结了婚，现在已经幸福生活了将近10年。我现在仍然百分之百地致力于我和顺子的幸福婚姻，管理着我们生活的背景。有了背景胜过一切的认识，我一直悉心经营着支持婚姻幸福的背景。我们谨慎理财，从不把不愉快的亲戚强加给对方，而且，我们不论工作还是娱乐，出行都在一起。

你致力于实现哪些结果？

电影《城市乡巴佬》（*City Slickers*）中有这样一个片段：柯利和米奇之间有一场对话。柯利对米奇说："你们都没明白。"接着他问米奇是否知道生活的秘密，米奇回答说不知道。柯利说："这个。"（他举起食指。）

> 米奇："你的手指？"
> 柯利："一件事，就一件事——你坚持做下去，其他一切都甭管。"
> 米奇："很好啊，但这一件事又是什么呢？"
> 柯利："这得你自己弄清楚。"

以下是《洛林的贞德》（*Joan of Lorraine*）剧本中的台词。我把对话稍微修改了一下，把"决意"换成了"相信"。

> 我现在知道了。每个男人为他相信要做的事付出生命，每个女人也为她相信要做的事付出生命。有时人们很少或几乎没有什么相信要做的事，所以他们所付出生命的地方很少或根本没有。我们都只有一条命，我们投入生活，然后便离开这世界。但是放弃自我，没有相信要做的事比死亡更可怕——甚至比年纪轻轻就夭折还要可怕。

投入量表

我们用百分比衡量投入程度。我们称完全的、"不惜一切"的投入为"百分之百地投入"。这种投入状态产生神奇的认知变化，而认知变化会使人获得投入不够时得不到的解决方案。表16.1显示了不同投入水平的情绪和故事情节。

表16.1　投入量表

投入程度	情绪	故事情节
100%	可运用高兴、愤怒、悲伤、害怕和爱各种情绪的力量	对“无论什么代价”，讲出务实的乐观故事情节
0%~95%	情绪强度低	“我会尝试”的各种乐观版故事情节

一位工作坊学员说：“我觉得我是百分之百致力于这项计划。但是，我却看不到自己任何神奇的变化。”我问他：“你早晨什么时候上班？”他说：“我大约7点到办公室。我喜欢在很多人到来之前有一个良好的开始。”然后我又问：“你晚上什么时间回家？”他说：“嗯，我其实不想下班后早早离开。大概晚上快7点时才走。”我问：“你不认为每天工作12小时有什么特别的吗？”他回答道：“没觉得，在我看来挺正常的。”他的话一点儿没错。如果你是百分之百地投入，这一切都很正常。

电影提供了不错的素材，让我们看到百分之百投入的人，从影片中的人物身上找出下面两个特点：

1. 情绪的激情表达，经常是愤怒情绪；
2. 务实的乐观。

《阿波罗13号》

这是电影中的一个场景，描述阿波罗飞行指挥吉恩·克兰兹（Gene Kranz）和他的队友约翰·亚伦（John Aaron）、杰里·博斯蒂克（Jerry Bostick）之间的讨论。约翰宣布了一个残酷的现实：他们必须得关掉雷达、机舱加热器、仪表显示系统和导航电脑。杰里说，他们如果关掉导航电脑，就不知道引擎指向哪里。约翰再次把他们带回到现实中来：“我们在这儿说得越多，那边浪费的电就越多。”

吉恩最后表示同意：“我想让大家找出负责设计每个开关、每条电路、每个晶体管和每个灯泡的人。然后，我要你们与流水线上生产这些东西的人探讨。搞清楚怎么才能从这两台该死的机器中挤出每一安培的电来。我要的是回到地球的时间。从来没有一个美国人在太空消失，在我负责的时候也绝不会丢掉一个人，绝不允许失败。”

这显示了面对严酷现实时百分之百地投入（关掉一切），同时也表现出强烈的愤怒情绪。

《勇敢的心》

在这部电影中，一个苏格兰人说，不要与英军打下去了，因为英军人数太多，如果对抗的话，他们必死无疑。威廉·华莱士（William Wallace）（梅尔·吉布森饰演）采取了务实的乐观态度，他回答说：“战斗，你可能会死；逃避，你会活命，至少多活一会儿。多年以后，你躺在床上快死的时候，是否愿意用你所有的日子换取一次机会，就一次机会，再回到这里，告诉我们的敌人，他们可以夺去我们的生命，但永远夺不走我们的自由！”

请注意，他没有说“别担心，我们会赢的，你死不了”。同样，这是面对严酷现实时百分之百地投入（战斗，你可能会死），同时也表现出强烈的愤怒情绪。

《奇迹》

电影《奇迹》（2004）讲述了美国曲棍球队在1980年令人不可思议地夺得奥运金牌的故事。赫伯·布鲁克斯（Herb Brooks）用这样的话激励年轻的美国队：“我讨厌听到说苏联队有多好，如果和他们比十次，我们得输九次，但绝不是今晚。今天晚上是你们的。今晚我们要和他们拼，我们要战胜他们，因为我们能做到。今晚是你们的。去抓住机会吧！”

他在严酷的现实面前表现出百分之百地投入（如果和他们比十次，我们得输九次），同时也表现出强烈的愤怒情绪。

这三部了不起的影片都是关于百分之百投入的故事。如果你还不熟悉它们，去看看吧。

我自己的投入情况

现在，请看看我的投入情况：

心态：带着百分之百感恩、知足和服务的心态生活。

工作：百分之百地投入，多方面保证团队和个人发展评估是全世界最有效的评估工具。

家庭：90% 到 100% 投入为妻子、儿女和孙女们的服务之中，具体投入取决于我们谈论的是谁。

生活：百分之百投入有意义的生活中，表现我的创造力，同时享受快乐。对身体健康的投入大约是 70%。

我问起工作坊学员对我的感觉，问他们是否在工作坊过程中看到了激情和百分之百的投入，他们的回答是肯定的。

然后，我说："你们能否看出我对健康的投入只有70%？（我超重20磅已经好几年了。）我的问题是，爱喝酒，"之后我接着说："我在美酒与健康之间反复斗争。"

你的投入情况？

花几分钟时间深入了解一下自己，建议你使用表16.2中那种3×5卡片，这样比较便利。

表 16.2　你的投入情况

在一张3×5卡片上写下你的投入情况，包括百分比：
心态：____%投入________________
____
工作：____%投入________________
____
家庭：____%投入________________
____
生活：____%投入________________
____

完成之后，你会发现自己目前的投入程度百分比，你得到的结果也许会令你很吃惊。在我们的工作坊中，学员用大约10分钟写下来，然后把他们的投入情况讲给同组人听。这项练习令每个人都深受触动，因为学员都表达出重要的情绪体验。我曾经听学员说："我看出，我没有完全投入这个项目中，所以回去以后，我要换一个工作。我对不起大家。"我看到有人站起来流着泪说："这些年来，我一直忽视我的妻子和孩子，现在我要改变。"我还听到："我从未想过自己的生活目的。我要开始和我非常喜欢的慈善机构合作，以前我还从未做过什么。"一位女士的话我最喜欢："我对孩子的投入是100%，对丈夫差不多50%，因为他是大人，能照顾好自己。"

如果你认为自己百分之百地投入，注意一下自己的关注点和所持的心态。例如：你如果百分之百地投入减肥，健康的沙拉就会看起来比意大利面更美味。如果你没有这种感觉，简单地告诉自己真相，你并没有百分之百地投入节食，把投入百分比降低。写下那些牵扯你各方面精力的事，看看能否找出你想要加以强化的因素，弱化导致投入程度降低的力量。

有目的的生活的心态

我非常钦佩凯瑟琳·格雷厄姆（Katharine Graham），她在丈夫因饱受精神疾病折磨而自杀后接管了《华盛顿邮报》。我每次读到她那句广为引用的生活格言都非常感动："爱你所做的事，并认为它很重要——还有什么比这更有乐趣呢？"这就是我决心要过的生活。

我在前面写到过我的生活愿景。这项工作属于重要但不紧急的一类——直到你来到人生的某一点上，某个事业或生活的十字路口，这时，这项工作才变得既重要又紧急。

写下你的人生愿景是令人兴奋的探险，这一愿景把你和有意义的生活目的连接起来。我在写下自己的愿景时，翻看了一些旧文件，找到一张我高中时代的兴趣调查表，这张表把你的价值和那些不同岗位上人们的价值进行对比。物理学在表上没有，但有化学，而我在化学上的得分非常低。我得分最高的是医学和教育。这就解释了我获得物理学博士学位后不久离开研究工作的原因。我开始计划从NASA转到学术界。

你可能没有你想的那么多时间

一位波音公司退休处的职员注意到，在65岁后退休的人平均只领过18个月的退休金。这个惊人的发现导致了一项纵向研究的开展，这项研究发现，在波音公司：

- 55岁退休的人又活了30多年；
- 60岁退休的人又活了15年以上；
- 65岁退休的人只活了一年半以上。

后来我才知道，马丁·玛丽埃塔（Martin Marietta）在丹佛（现在的洛克希德马丁公司）进行了类似的研究，基本上得出了相似的结论。他们发现，那些在65岁退休的研究对象只活了17个月。工作坊学员报告说，洛克希德马丁公司把图表挂在了丹佛就业办公室最显眼的地方。

人们对这个图表的反应各异，很有意思。有些人把它打了折扣，说："不错，但这并不适用于我，因为……"另一些人后来告诉我，他们看到图表时还不到60岁，于是马上退休。

有时人们会问："我已经过了65岁，该怎么办？"我回答："不管你做什么，不要退休，要不就太危险了！"

我希望上述信息制造了一种紧迫感。这就是"把握今天"的概念，就像电影《死亡诗社》中的一个场景所表达的意思一样。老师约翰·基廷带着班上的学生去看从前学生的老照片。然后，他读起罗伯特·赫里克（Robert Herrick）的诗："趁早采摘玫瑰花瓣/时光老人还在急驰飞奔/今天还在微笑的花朵/明天就会枯萎凋零。"

他解释这首诗的意思时说：

> 我们都是虫子的食物，小伙子们。因为无论你相信与否，这个房间里的

每个人，总有一天都要停止呼吸、变得冰冷。我希望你向前走一点，仔细看看过去的那些面孔。你们曾经很多次从他们身边走过，但我想你们从没有真的注意过他们。他们跟你们没什么两样，是吧？充满活力，所向无敌，你们也有这样的感觉吧？世界在他们的掌握之中。他们相信自己注定要成就大事，你们很多人也一样。他们的眼睛充满希望，和你们一样。他们是否尽其所能地把握生命的点点滴滴，不让自己等到为时已晚？你们看，这些男孩现在正滋养着水仙花。如果你非常认真地倾听，你能听见他们在低声留给你的遗言。靠近点儿，你们听到了吗？（低声地说）人生就应该，把握现在——抓住今天，孩子们，让你们的生命灿烂非凡。

向里根总统营销

下面的故事足以说明，对一般人看似疯狂，但对百分之百投入的人看起来绝对正常。我喜欢说，我在哈佛商学院度过了紧张的16周，只学到了一件事，但绝对值得。我明白了营销与推销的区别，推销是设法迫使顾客购买你想卖的东西；营销是找出顾客的需要，然后提供给他们。

我曾经为第三个大天文台高新X射线天体物理台量身定做营销方案，这是我推进这个计划时遇到的最大挑战。

- “橙色”的NASA署长想要的是能使用航天飞机的东西，高新X射线天体物理台就是航天飞机发射和保养用的；
- “蓝色”的科学团体想要科学上的创举，高新X射线天体物理台保证会有伟大的发现；
- “橙色”的国会想控制成本不变，我们对高新X射线天体物理台的成本控制有很好的说明。

经过几年的努力，我终于把高新X射线天体物理台列入了总统的预算。该项目甚至逃过了例行的“感恩节大屠杀”——白宫行政管理和预算局为使国会通过预算在准备时所做的改变。奇怪的是，他们称之为“加价”，而我所看到的却都是“减价”。后来到了十二月，我的老板伦恩·菲斯克走进我办公室说：“查理，我得到了坏消息，行政管理和预算局已经把高新X射线天体物理台从预算中拿掉了。由于现在经济表现低于预期，最后还是砍掉了一些项目。”他接着说：“署长已经决定不申请复议。”“申请复议”是预算术语，指的是对削减提出上诉。最终，申请复议要亲自与总统面谈，才能迫使行政管理和预算局署长做出让步。我感觉有些眩晕。

经过伦恩的批准，我去拜见NASA署长吉姆·弗莱彻。吉姆告诉我，他不想申请复议。“很抱歉，”他说，“NASA预算中还有更优先的事项。”这是吉姆第二次任NASA署长。在两届任期之间，他曾主持一个我与之合作过的委员会。我对他很尊重，那是一位前NASA署长应该得到的尊重，但是，多数人没有做到。我们建立了不错的友谊。

现在，第二次做NASA署长，吉姆经常打电话征询我的意见，或聊一聊NASA的人力状况。所以，他同意听我讲一讲高新X射线天体物理台的重要性（我当时实际上是在恳求他的帮忙）。接下来发生的事我记得不太清楚了，但突然有一天，从署长办公室传来消息，我要准备去做陈述。5天后我们就要和里根总统见面了！

“我该怎么办？”我有幻灯片，可以利用科学价值、航天飞机的使用和成本控制这三方面把高新X射线天体物理台推销出去。可是，我怀疑，这些原因中的任何一项是否会让总统推翻预算局署长的决定，再把这个数十亿美元的计划加到预算中去。我的朋友里卡多·贾科尼（Riccardo Giacconi）曾在与里根总统共进午餐时谈起过X射线，当时里根打断他说：“这些我都知道。在伦敦，你透过浓雾看过去，会看到太阳发出的X射线。”而实际上X射线是不会穿透地球大气层的，所以我们不可能从科学角度向总统推销，另外，涉及的经费从联邦计划总规模上看，并不算什么。最后，和高新X射线天体物理台一起被列入了被取消计划的项目有一长串。

我想：“推销还是营销呢？总统最关心什么？”我把日历划掉，给我关系不错的支援承包商翠西·彭格拉（Trish Pengra）打电话，我们一整天坐在那儿盯着我的电脑，不断重复着：“推销还是营销？总统最关心什么？”

有了！“邪恶帝国”——里根总统对如何超过苏联的关注胜于一切。当时，我和苏联同行拉希德·苏尼亚耶夫（Rashid Sunyaev）共同主持美苏在太空科学（天文学）领域合作的第一个工作组。拉希德曾给过我一张和平号太空站的照片，里面配有X射线装置“量子模块”。太好了！

我们得知，总统不会专注地看投影的视图图像。总统的简报会需要1.2米×0.6米的泡沫板。翠西找到一位承包商，我们订制了五块展板。前四块是通常的高新X射线天体物理台的营销资料，包括科学价值、技术价值和成本控制。最后一块板上的图像是两面半透明的旗子，苏联国旗在左边，背景是和平号空间站；美国国旗在右边，背景是高新X射线天体物理台。标题是：“谁将主宰宇宙天文学的未来？”我们有了获胜的法宝。那么，怎么才能让行政管理和预算局明白呢？

NASA一般会全面审查所有拿出去的东西，更不必说拿到行政管理和预算局给总统看的东西了。我给伦恩的行政助理打电话：“我给行政管理和预算局做了一些图表，有人想看看吗？”让我高兴同时也令我吃惊的是，她说：“不用了。”我然后又给署长助理打电话问同样的问题，得到了同样的答复。

此时，我必须作一项选择。我可以再给这些人打电话，解释我所做的一切有多么重要，这样会引发一轮深入审查。管理层肯定不会允许我把这些图送出去，因为它会胜过NASA其他的优先级项目。任何一个不能百分之百投入的人都会把这看成是正确的行动方案。

因为是百分之百地投入，我们在给行政管理和预算局署长展板的包装上贴了一个标签，上写“高新X射线天体物理台申请复议材料”。翠西找了快递公司，把包裹直接送到了行政管理和预算局署长办公室。我到现在都很吃惊，我们竟然未经任何人审查就成功地把这份简报资料直接送了出去，但我们确实做到了。包裹送出后，离与总统约见的时间还有两天。

第二天，我接到伦恩的电话，他说：“查理，我不知道是怎么回事，但是，弗莱彻署长刚刚打电话说，高新X射线天体物理台又回到预算中了！”我没有做更多解释，只是说：“这个消息太好了，谢谢你告诉我。”然后把电话挂了。

我最近有一名4D工作坊学员，当年就在行政管理和预算局上班。他告诉我，那些图因其大胆而出了名。局长一看到它们，就立即恢复了高新X射线天体物理台的预算经费。

这次惊险之旅最有意思的地方是，我对自己当时在冒了多大的风险并没有太多考虑。如果管理层知道了我做的事，惩罚肯定会非常严厉。一个人在百分之百投入时，会无所畏惧。

小结

我相信这是本书最意义深远的一章。（你从一名“蓝色”性格的人那里期待什么样的观点呢？）如果你还没有做过投入百分比分配练习，请现在就开始做吧。你或许仅凭理智，做出你想要的改变，但是我对此表示怀疑。当你真正经历过显著的情绪体验时，才更可能发生重大的人生变化。缺乏这种情绪引导时，就坚持做这个练习。习惯性地定期列出一张投入量表，把注意力转到最重要的事情上，转变心态，并逐渐改变行为。

决定你想要创造的东西，比如一支高绩效项目团队。你必须充分认识到艰难的现实和真相。展望你的愿景，一旦你百分之百地投入，出路自然会出现。

最重要的是，反复利用个人和团队发展评估工具。这会把你的关注点与心态转移到表达基于现实的乐观及致力于结果上。而且，再次评估会跟踪你和团队的进步，为继续努力提供支持。

第十七章
情绪管理不当导致戏剧化

告诉你一个坏消息：除非你处于自动反应的心态，否则你即使掌握了到目前为止本书介绍的所有内容，但也无法付诸行动。怎样才能付诸行动呢？我们一旦进入四种戏剧状态，就会失去反应能力。这四种状态是：救助者状态、指责者状态、受害者状态和理智者状态。乔治男孩有一句广为引用的话："如果你一定要在肥皂剧中表演，那就争取一个好一点的角色。"

斯蒂芬·卡普曼博士以他的"戏剧三角"开创了这方面的研究工作，而4D系统在此基础上增加了第四种状态——理智者状态（像前几章一样，如图17.1，我们继续跟踪行为评估及行为进步）。

- 受害者：悲伤的情绪引发受害者讲出这样的故事情节："我什么也做不了。"接着，受害者需要他人加入他们的抱怨者俱乐部，一起说"这不是太糟糕了吗？"
- 指责者：具有讽刺意味的是，害怕的情绪因为怕被指责，而讲出了指责者的故事情节："都是你的错。"他们用愤怒掩盖了不舒服的感觉。
- 救助者：爱的情绪因为需要赞许而讲出了救助者的故事情节："我需要做这件事。"
- 理智者：不舒服的感觉让理智者讲出的故事情节是："没关系。"同时，他们努力用思想压抑情感。

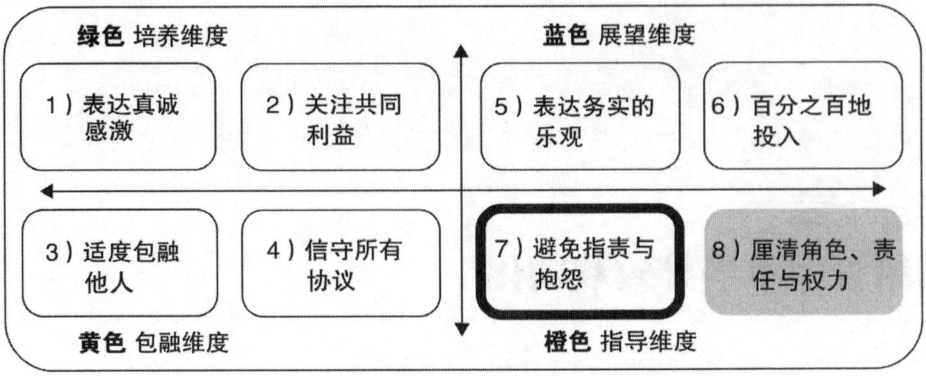

图 17.1　避免指责与抱怨：八项行为中的第七项

我们抱怨吧

下面描述了一个工作坊练习。我和几位其他工作坊主持人邀请学员在便利贴上写下抱怨的话。我建议他们写出一个主谓结构的句子，比如，“我的老板不听我说话”。假如他们从不抱怨，那就写下他们认识的某个人的抱怨。

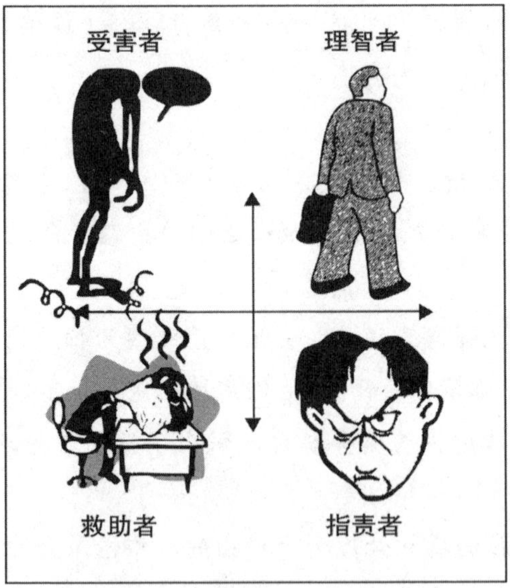

图 17.2　四种戏剧状态图标

大家写完后，把便利贴贴到白板上，然后高声朗读。这项练习既有非常严肃的一面，也有轻松愉快的一面。一位团队领导想把抱怨表带回自己的办公室，然后挂到外面。有人前来抱怨的时候，她就会对他们说："你如果是来抱怨的，到表上找一下——我已经听过所有的抱怨了。"

尽管抱怨是受害者的特征，我还是用学员的各种抱怨来展示所有四种戏剧状态。以"我的老板不听我说话"为例：

- 受害者："我的老板不听我说话，我无可奈何。"
- 救助者："我的老板不听我说话，没关系，没有他的指导，我还是要尽力去做。"
- 指责者："我的老板不听我说话，这个没脑子的混蛋真把我气疯了。"
- 理智者："我的老板不听我说话，不过没什么关系，这并不影响我。"

谁对抱怨负责？

随着抱怨越来越少（我们很快从24名学员的工作坊中收集到大约50条抱怨），我向学员展示斯科特·派克（M.Scott Peck）（美国精神病学家、作家，以其1978年出版的著作《心灵地图》而闻名）的格言："每当我们寻求逃避自己行为的责任时，我们总是试图把责任推给其他人、其他组织或事物，不过这意味着我们白白把权力拱手相让——无论是'命运''社会'、政府还是老板。"

接下来我请学员进行以下练习。我把一张20美元的钞票放在投影仪桌子上，然后反复问："谁为放在这里的20美元钞票负责？"学员通常回答："你呀，因为是你放的。""美国政府，因为是他们印的。"诸如此类。

对话暂停后，我问："什么时候开始承担责任？"过几秒钟，我说："当你拿取之时。"如果没有什么反应，我就会反复说"承担责任什么时候开始？""当你拿取之时。"最终，会有人把钱拿起来，把它交还给我。我会说"回应是有回报的"，然后请他把钱收下。

接着，我问大家，如果没有人承担责任，会出现什么情况？当然，不会有什么情况。然后，我又问，如果每个人都承担责任，会怎么样？结果还是不会有什么情况发生。在某人决定反应之前，不会有任何行动出现。

然后我再回到他们抱怨上来，问："谁对这些抱怨负责？"教室里变得非常安静。"何时会出现解决这些抱怨的行动？当你们每个人都承担起责任，你们就在解决这些抱怨问题。一旦你对自己的抱怨有了反应能力，你有两种选择：一是把抱怨变成请求；二是忘掉它。"

接下来，我从白板上选择一张便利贴，念出上面写的抱怨："总部信息技术人员不称职。"我接下来问："那么，你想怎么做？你能想出一个建设性的请求吗？让你的老板请总部来检查一下信息技术办公室怎么样？当然，必须是以4D方式提出请求，否则，你可能陷入权利斗争中（还记得查理有关权力斗争的规则吗？1. 避免权力斗争；2. 如果你没有权力，永远不要进行权力斗争）。这里谁有权力？总部有权力。"我继续说："如果你想不出任何请求，那就放弃这条抱怨，不要让自己在这上面纠结。拒绝加入抱怨者俱乐部，让你的同事来帮你，这会使你有能力转向你分内的工作上，你的情绪会变好。"

把抱怨变成4D请求

我过去常在工作坊做这项练习：我在教室里走动，让每个人给我一定数量的钱。如果学员是公务员，就要1美元；如果是来自企业，就要5美元（我发现不是所有公务员钱包里都有5美元）。多数人会把钱给我。

我把收上来的钱，放到某个显眼的地方，比如我可能把它钉到墙上。然后继续讲课，不再理会钱的事。过一段时间以后，有人会问："我们的钱怎么办？"我让学员自由讨论一会儿，然后问："你们想拿回自己的钱吗？"他们回答："想！"我告诉他们，我会把钱还给他们，但他们要做两件事：

1. 告诉我为什么会给我钱；
2. 采取行动要回钱。

关于借钱的理由，他们会说："因为我们信任你。"我回应："哦，你们坐在那儿，突然就心生信任，于是就打开钱包把钱给我？"过了一会儿，他们就明白了，他们给我钱是因为我提出请求。

了解到这一点，他们很快就会采取第二步，把自己的钱要回去。人们一般喜欢给别人他们想要的东西，理解这一点作用很大。我发现，请求别人给我想要的东西能产生意想不到的效果，不管是请某个人付出额外的努力，还是争取一个更好的宾馆房间什么的。

这就是你对抱怨应该采取的措施。把抱怨变成请求，或者干脆不抱怨，这是走出受害者状态简单有效的方法。那么，是否有某种特别的方式提出请求，得到你想要的东西呢？当然有，把你的请求变成4D的，如图17.3所示。

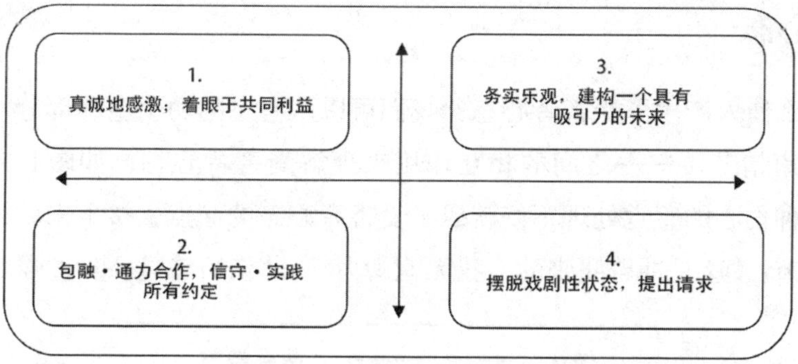

图17.3　提出请求的4D分析

回想一下斯吉普的话："当维度被忽略时，人们在压力下会用最有害的情感和最病态的故事情节去填补。"小心不要忽略了某个维度。

为什么提要求会管用？这是因为社会心理学所说"互惠"力量在起作用，我们提出希望的同时，也暗示了报答。理解洞察他人心理的人，懂得运用向他人请求或推销的技巧。例如，他们知道，一方的让步能促使另一方的让步，所以他们会首先提出较高的要求。比如，童子军也许会请我们买10美元一张的音乐会票，他们知道，我们拒绝之后，更有可能买一块3美元的糖。

这儿还有另一个小窍门。如果你先问："你好吗？"多数人会回答："挺好的。"你的问候使他们沉浸在快乐的情绪中，那么你的请求获得回应的机会就加倍了。

把4D请求变成习惯，你会对自己收获的结果非常吃惊！但有一点要警告大家，永远都不要要求人家无法提供的东西，这只能令你和他们都不愉快（陷入愤怒的情绪）。

试一下这个4D请求。你走到宾馆前台，留意他们身上你能真正感激之处。人们对他们自己身上的优点受到赞美，会做出最好的回应。“哇，多么灿烂的微笑！你让我这一天都愉快！”（这一切必须完全真实。）接下来，试着包融：“这是我最喜欢的一个宾馆，在这儿感觉非常开心。”接着利用展望：“我这周要在这里举办一个工作坊，我希望有个高级房间。”最后提出请求：“你要是能安排一个套间，那就真是太棒了。”结果，我们的套间确实非常棒。

受害者心态

是什么使人产生了受害者心态？我们可以从心态的两个组成部分——情绪和想法（故事情节）——之间的相互作用来理解受害者心态，如图17.4所示。无助——这种伤心的感觉处理不好就成了受害者心态的起点，接下来就是表达无助的故事情节：“这是冲着我来的，我无能为力。”悲伤情绪进一步加强。

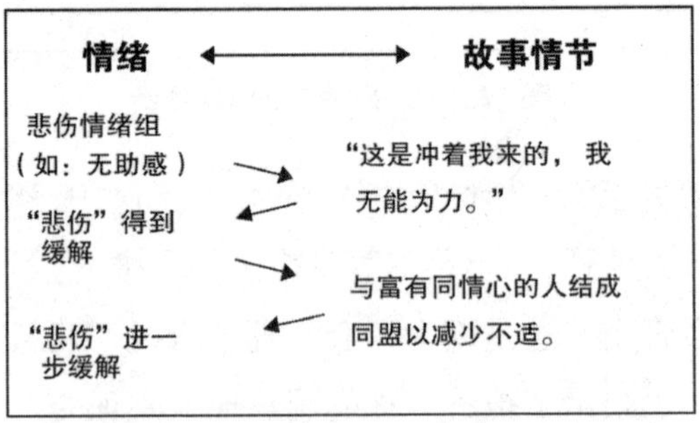

图17.4　受害者的情绪与故事情节相互作用

受害者通过与富有同情心的人结成同盟以缓解自己的悲伤。可是，一旦会谈结束，那种悲伤的感觉和故事情节可能卷土重来。这种方式助长并传播受害者心态，下定决心负起责任的团队不会支持受害者俱乐部。而习惯型受害者需要俱乐部，所以他们会转到其他支持受害者俱乐部的组织中去。

这种模式有哪些好处呢？主要的好处是，放弃采取任何行动，受害者讲出无助的故事情节，暂时获得宽慰，最终放弃反应能力。

逃离受害者心态的策略很简单：放慢节奏，观察并识别你的情绪类别，接着，找出剥夺你力量的“红色故事情节”。

一位高级企业经理抱怨道："我烦透了纽约总部各种麻烦的报告。"我说："你在抱怨，让我们把你的抱怨变成请求吧。"于是，我们按四个步骤列出了一封信的大纲：

1.培养维度："我们非常感谢你们对高效管理公司所付出的努力。"

2.包融维度："我们能否与你们合作，找到一种更为高效的方法？"

3.展望维度："这可以大大增加利润率。"

4.提出请求："我们能否下周与你们面谈，开始这项工作？"

我准备了利用上述提纲写的一封信，请她在信封上签名。她说："没有用的，他们永远都不会改变。"我请她注意剥夺她力量的"红色故事情节"，并提出用这样的"绿色故事情节"替换："要是不发这封信，他们就不会知道。""好吧，"她说着，把名字签了。结果，总部的反应是积极的，就这样，一个更好的报告系统出现了。这种4D沟通避免了一场权力斗争，因为表面之下的愤怒情绪已经预示着随后肯定要有一番争斗。

一位高级经理抱怨说，她出差需要行政人员支持，而且她也有这个资格，但却得不到。她的老板告诉她，他在做她这个工作的时候就得不到这种支持，因此，她也应该一样。我们准备了一个4D请求，但最后的时刻她却说："我就是没法为自己去提出请求。"我们把她的"红色故事情节"变成了"绿色"的："这个支持主要是为了我的项目好。"于是她去进行了4D对话，得到了想要的支持。

NASA一个中心的重要部门主任告诉我："每次我和中心主任会谈，他都请我不要发牢骚。"我问他在这些会谈中他都讲了些什么，他说："我的部门不属于高优先级，很可能得不到我想要的东西。"我告诉他，他已经习惯了讲"红色"受害者故事情节，建议他求助于教练。

我们通过4D辅导人们走出受害者心态，从一开始就相当成功。在我们刚刚成功推出网络的个人发展评估工具后，一位同事问起他能否使用，他当时正在为一位卡车公司的客户提供培训，但不太成功。这家公司总裁请他辅导的人叫玛丽，他告诉这名教练："请看看你能否帮助玛丽。她被列为副总裁人选已经有两年了，我想提拔她，但有些事总让我感到困扰，而我又说不清楚是什么。"

我们帮这位教练对玛丽进行了个人发展评估。玛丽在“避免抱怨”一项的行为得分最低，玛丽本人和她的教练以前都没有注意到这点。他们开始就这项行为采取措施，在一个月之内，玛丽就摆脱了这个习惯。总裁很快就找玛丽谈话了，他说：“玛丽，我也不知道你改变了什么，但你肯定与以前不同了，我现在要提拔你为副总裁。”她笑着说：“我停止抱怨了，不再当受害者了。”

走出受害者心态

几年前，我和一位女士约会，在饭店吃饭时她总是希望我埋单。开始，我并不介意，因为我的经济情况比她好，我一直生活富裕。然而，时间一长，我就对她从不主动提埋单的事反感起来。我曾训练自己观察自己的坏情绪，我检查自己，没错，感觉糟透了，然后自问：“我现在正在经历什么情绪，这显示我处在哪种戏剧状态呢？”我其实正在经历愤怒的情绪，表明我陷入了指责者状态。非常明显，她是问题之源，明摆着与我无关。尽管这是典型的指责者类型，我却看不出自己有什么不对的。

庆幸的是，我还采取了另外的行动。我反观引起愤怒的故事情节，很容易就发现自己在说：“这又不贵，她应该主动提出付几次，即使最后我会坚持由我来付。”我想自己之前为什么没请她来付呢？我的故事情节是：“我不想破坏愉快的气氛。”我立刻意识到故事情节毫无意义，我其实已经开始了我的受害者状态，事实上我在讲受害者的抱怨故事情节！

一番自我心理分析之后，我们又坐在一家餐馆里，除了我的这种内心状态之外，一切都很愉快。我可以立即通过选择以下两种行动逃离受害者状态：要么不再抱怨，因为这其实本来也没什么；要么把抱怨转成请求。显然，采取行动比较好。我停止了内心的对话，直接说：“今晚你埋单好吗？”她微笑着说：“当然可以。”然后拿起了账单。走出受害者状态，只需要把抱怨变成请求。

尽管这种情况不需要4D请求，但在情况复杂、风险较大的时候，最好还是利用4D模式。我相信你现在已经清楚，是按照下面的顺序：真诚感激他人或境况；主动提出合作解决方案体现包融；基于不愉快的现实，创造出一种乐观心态；最后，走出戏剧状态，提出请求。

指责者、受害者和救助者的角色关系

习惯型指责者，需要找到习惯型受害者或救助者来支持其指责行为。完全正常的人不会与习惯型指责者相处太久，因为要与指责者长期交往，就必须戴上受害者或救助者的面具。幸好，很多人拒绝这么做。

指责者与受害者或者指责者与救助者的关系就像双人舞，因为每个人都有规定角色，一举一动都像事先精心排练好的。双方并不能意识到这种舞蹈，因为他们所处的状态改变了他们的认知。指责者不顾现实情况，错误地把他人看成是问题的原因，而受害者和救助者很容易就接受落到他们头上的无理指责。这对你来言可能难以想象，但这种情形非常普遍，不仅出现在现实生活中，还出现在影片里。

举例来说，电影《跳火山的人》(*Joe and the Volcano*) 中有一个场景，完美展现了指责者与受害者的双人舞。乔的老板瓦图里先生愤怒地指责他，他的秘书说只剩下12本目录了。他对乔发起了攻击："乔，珍告诉我的目录情况是怎么回事？"乔告诉他只有12本了。瓦图里先生问乔怎么会让目录减少到了12本，而乔回应说，他在三周前就告知过他实际情况了，两周前又告知了一次。

指责者抛出了仅剩的"救生索"："你上周告诉我了吗？"受害者乔怯懦地回答说没有。瓦图里抓住不放："为什么没有？"乔在此时退到了受害者的角落，说他也不知道为什么没告诉他，并且说，他原以为老板知道了。

你想象接下来会发生什么？一个未处于指责者状态的瓦图里先生也许会就此打住，甚至道歉。然而，一个完全进入指责者状态的人不会这样。他不知不觉感到了一种无法忍受的情绪和恐惧。所以他通过攻击乔把自我愤怒"表演出来"了，而不是把这种情绪内化。他是在利用自己的愤怒掩盖极不舒服的害怕情绪。

瓦图里先生：不怎么样，乔，确实不怎么样……

乔：瓦图里先生，下印刷订单的是你不是我。是你要这么做的。

瓦图里先生：你没有能力胜任下订单的工作，这是要求很高的技术活儿。

乔的回应几乎听不到，显得非常微弱。

根深蒂固的习惯性指责者和受害者或救助者彼此需要。如果乔辞职（他确实辞职了，因为其他原因），瓦图里先生会再找一个习惯型受害者替代他，而乔同样会再找一个指责者老板，尽管找一个像瓦图里先生这样脾气极坏的人可能不太容易。

工作环境中的指责者、受害者和救助者

在工作环境中的上述场景比我们想象的普遍得多。这种情况需要有权力差距，比如领导与下属、承包商与分包商或政府与承包商的关系。

我在NASA工作时就看到领导（通常是男性）与秘书（通常是女性）之间的这种指责者－受害者舞蹈，以及NASA总部项目经理与研究中心（比如戈达德太空飞行中心）项目经理共舞。但是，直到成为航天业的一名顾问，我才看清政府的项目经理带着怎样的狂怒指责他们的承包商，还看到行业承包商带着很大的敌意指责他们的分包商，使分包商在当天就解散了整个团队，致使工作停滞。

这些事件中引人关注的一个方面是，需要参与者各自进入指责者和受害者（或救助者）角色。如果受害者和救助者拒绝接受指责者的行为，指责者就会停下来，到别处寻找他们的舞伴。如果你有进入这两种角色的倾向，本章提供了多种方法帮你发现并走出戏剧状态。

戏剧状态自我检测

有一种令人难以置信的简单方式，可以检测你是否处于戏剧状态。试着问自己："我现在感觉如何？"如果你的回答是"好极了"，那你肯定不在戏剧状态。如果你的回答是"糟透了"，你很可能就陷入了受害者、救助者、理智者或指责者状态。

如果你能识别自己经历的是哪一种情绪，你就能有更深刻的认识：

- 愤怒情绪。说明你在利用愤怒掩盖对被指责的害怕情绪，从而把你带入指

责者状态。

- 悲伤情绪。说明你有受害者和救助者那种无助的感觉。
- 害怕情绪。特别是焦虑，说明你感受到了理智者那种普遍的不适。

下面，我们短暂回顾一下电影《跳火山的人》中的一段对话：

瓦图里先生：这个医生预约是怎么回事？你怎么总是在看医生？

乔：我感觉不太舒服。

瓦图里先生：那又怎么样？你以为我总感觉舒服吗？从童年时代起，没有人感觉很好！这就是人生的事实。感觉糟透了，那又怎么样？我不会让这种 感觉影响我，不让它影响我的工作。乔，我想要那些目录。

乔：那就请订购吧。

瓦图里先生：你小心了，乔。

这段对话很棒，不是吗？

习惯于受害者状态的人生

不过，我确实知道有些人（通常是“绿色”性格的人）稍微刺激一下就会完全陷入受害者状态。

在电影《跳火山的人》中还有另一个精彩片段：乔和帕特里夏跳进一座火山准备死亡。而就在那一刻，火山喷发，把他们推进了大海。他们浮出水面时开始了一场对白。乔注意到他们跳进去后，火山并没有把他们烤死，而是把他们喷了出来，对白由此开始。帕特里夏不相信，认为这种突然的变故不可能，而乔则把这次事件称为克纳瓦奇迹（克纳瓦是这座火山岛的名字）。我们现在看到帕特里夏循环出现的对白模式：乐观而愉快，而乔则又进入了受害者状态。

循环1：帕特里夏发现他们没有死在火山里，而是活在大海里，非常高兴，她愉快地喊出来：“呀，我们真的出来了！”乔却无法感受到这种愉快的心情，而是又回到了受害者状态，他说：“是啊，没错，可是……”帕特里夏问他“可是什么”，乔说他们周围百万英里没有人烟，他们会淹死的。此时，他们两人都踩着水，看着克纳瓦岛沉入海中。帕特里夏回过头说：“不，我们不会的，我们会安全脱险的。我不知道怎么做，但我们肯定会安全的。”之后，有四个大旅行箱浮出水面。下一个场景中，四个大箱子被捆绑到一起做成了筏子，上面是乔、帕特里夏和一盏灯。

循环2：帕特里夏带着灿烂的微笑拥抱了乔，看着这个浪漫的地方，她说：“看吧，谁会有这样的蜜月？”乔接受不了这种愉快，说：“嗯，不错，可是……”帕特里夏看起来困惑不解，问道：“你又怎么了？”乔告诉她自己还有一个问题，他说他有脑云。帕特里夏不相信。乔说，也许他应该再咨询一下的。帕特里夏对 乔没有去咨询脑云问题无法相信，问他是不是个忧郁症患者。乔说，他过去是，但现在不是了（回想一下，感觉糟糕表示此人正处于戏剧状态）。

随着对话的深入，我们了解到，为乔做出诊断的埃里森医生，完全受雇于帕特里夏的父亲。他们两个很快就意识到了整个事件是怎么回事——他们到岛上旅行，他们跳进火山，乔所谓致命的“脑云”——都是虚构的复杂谎言，用来操纵他们的。我们看看这场对白：

乔：你的意思是说我没有脑云？

帕特里夏：脑云，脑……你觉得他们不应该想出比脑云好一点儿的病吗！

乔：整个一生，我都是个受害者。我一直是个（咳嗽）傻瓜，一个抵押品（咳嗽）——我的嗓子——堵住了（痛苦）。

帕特里夏：哦，不，你整个的人生还在前面。

乔：哦，是的，我想是这样。

帕特里夏：（高兴地）我，我是说，这是好消息。

乔：对，没错，我想也是。

帕特里夏：我的意思是，这太棒了！

乔：对，这是好事，我解脱了，太好了，我得救了。可是，还有……

帕特里夏：现在还有什么？

乔：我们现在在筏子上，根本看不到陆地。

帕特里夏：你总是这么悲观，不是吗，乔？

我非常喜欢这句结尾语："你总是这么悲观，不是吗，乔？"这是习惯型受害者的真实写照。

指责者心态

从亚里士多德时代以来，人们就一直在思考愤怒管理的问题。亚里士多德在他的《尼各马科伦理学》中写道："任何人都可以生气，这很容易。但要对合适的人，在合适的时间以合适的方式生气，同时又程度合宜、理由明确，并不容易。"

医学博士雷德福·威廉姆斯曾做过一个实验，他在医学院的时候，曾对同学的敌意倾向进行了测量。之后他一直跟踪他们的生活直至他们去世。以下是他的发现："在敌对测试中取得高分的人……可能于50岁死亡的概率是敌对测试得分低的人的7倍，易怒比吸烟、高血压和高胆固醇更能导致人的早亡。"

我总是特别容易就产生敌对情绪。每当敌对情绪出现时，我就讲这样的"绿色故事情节"："我是想死在这座山上吗？"

图17.5展示了指责者心态的形成过程，像其他任何戏剧状态一样，指责者心态始于图左上方的情绪。具有讽刺意味的是，我们变成指责者的主要原因竟然是我们害怕别人指责我们！我们害怕遭到指责时，害怕情绪会上升，从而启动指责者心态。

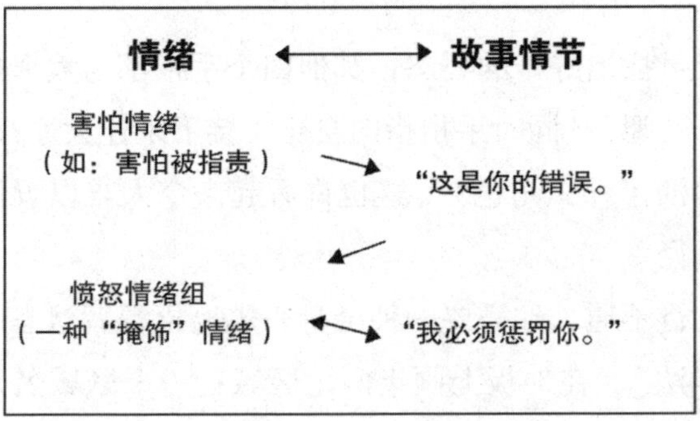

图17.5　指责者的情绪与故事情节相互作用

接下来，如图的右侧所示，不舒服的害怕情绪会产生“这是你的错”之类的故事情节，而这种故事情节又会使愤怒情绪进入状态，如图的左侧所示。

心理学家把愤怒情绪称为“掩饰”情绪，因为这些情绪太强烈，总被用来隐藏其他情绪。我们的愤怒掩盖了我们内心的恐惧，使我们不再体验恐惧。这种恐惧解除方式代价高昂。这些愤怒情绪对我们而言是致命的，会使情绪面的账户大量透支。

指责者在这时完全相信另外一个人才是罪魁祸首，于是怀有“我必须惩罚你”的故事情节。

逃离指责者心态

指责者状态还会扭曲我们的认知。在这种状态中，我们的指责显然是错误的。因此，我们无法弄清是什么导致了问题的出现。我们已经把所有精力都用到指责“肇事者”上面了。

让你的团队成员用手摆出指责者的架势——食指向外，其他手指握在一起，练习“指责者状态”。然后，手指着旁边的一个人高声说“这是你的错！”，不可避免地，教室里的能量会随着肾上腺激素的汹涌而猛增。请注意，我们的五个手指中有三个是指向指责者本人的，这一点也没错。

促成这种指责者状态的潜在动力非常奇妙。心理学家称指责者状态为自身愤怒的外在投射。我们因为什么竟然如此生气？我们因为制造了一团糟的情况而生自己的气。

现在让团队成员摆出好奇的姿态，其他四个手指都与大拇指对齐。现在让学员发出好奇的声音“嗯”，同时手指指向自己。接下来让大家都问：“在造成这样糟糕的局面中我扮演了什么角色？”这也许看起来令人难以置信，但却是走出指责者状态的有效途径。

如果上述方法行不通，你需要一种全身心逃离指责者状态的过程，我们称之为“发现角色两步法”。在地板上画出两个区域：一个区域名为指责者区（或挑衅者区），另一个区域名为好奇区。你如果不知道自己在制造麻烦方面扮演了怎样的角色就进入好奇区，你可能需要另外一个人帮助你在这两区之间移动。

以下是我自己在工作坊中的示范——开始，我站在两个区域中间，对大家说："我在NASA的时候，我的老板聘用了一位新的预算经理。天啊，这家伙真是个傻瓜。"（工作坊学员立刻打手势让我走到"指责者区"，在那儿我又接着胡言乱语了一阵。）然后，我用手做出了好奇的姿态，对大家说："你们知道，我在认识这个人之前就不喜欢他，我怀疑是否把自己原来的一些想法投射到了他身上。"（学员立刻指示我走到"好奇区"。）这个过程继续进行了几个来回，直到我最终确认自己的角色，并决定修复这一重要的关系。你绝对不能养成指责者习惯，它会害惨了你。

救助者心态

你是否长期感觉疲惫不堪？这是救助者的普遍状态，因为他们想得到认可。像受害者一样，他们相信总有问题需要他们解决。而有意思的是，他们承担的是他们不应该做的工作，因为在别人向他们提出请求时，他们想取悦对方。在这种心态下，工作任务就变得很有吸引力。他们取悦于人的渴望暂时压倒了他们的判断力。

我觉得救助者心态形成的过程是这样的。在面临一项任务时，高兴情绪（比如渴望得到认可或加深双方关系）会支持这样的"红色故事情节"："我想要这个人高兴，所以我要承担这项任务。"此时，他们无疑是这样想的。可是，此后很快他们就会再一次感到承诺过度了，搞得自己过度劳累。此后他们往往会对给他工作的人生气，进而陷入指责者状态。此时，他们看不到自己在制造这种麻烦局面中的作用。救助者也能与指责者共舞，就像影片中的乔（受害者）和瓦图里（指责者）一样。

逃离救助者心态

那么，怎样才能逃离救助者心态呢？老板带来新工作时，试着先缓一缓，争取一点时间。否则你想获得被认可的需要，可能会让你过快就答应过多的要求。如果可以的话，关注并识别一下自己目前的情绪状态，然后用4D处理这项要求：

1. 从绿色培养维度开始，首先，对老板表示感激，或对他的处境表示理解，如“我理解你现在确实有困难，我要是能行，会尽力帮你”。然后看看你们是否有共同利益：“我想找到对我们两个都行得通的解决方案。”

2. 其次，在黄色包融维度，表达真诚的合作意愿，如“我们一旦找到解决方案，我会在这件事上与你全力合作”。信守所有协议：“不管怎样解决，我都要保证客户对我们的信任。”
3. 再次，在蓝色维度表达基于现实的乐观，如“实际的情况是，我习惯性地承诺做力所不及之事，这对我们双方都不好。通过做好我同意做的事，我能为你提供应得的优质服务，给我一点时间，让我能想出创造性的解决方案”。
4. 最后，在橙色指导维度，确保自己没有陷入戏剧状态，然后提出请求，如“我有一个朋友，她了解我的工作，而且在这方面非常出色，我们能否请她在业余时间帮我们渡过这个难关？”

理智者心态

前面说过，卡普曼20世纪60年代的论文提出的戏剧性状态分析，包含三种状态。我当时就想，四维系统能否增加第四种状态，最终，系统做到了。

蓝色性格的人尤其可能成为理智者，因为我们很容易活在自己的思想里。理智者状态是这样体现的：你首先体验到不安的情绪，很可能你知道这种不安来源于哪里，而且你也许还能识别出这种情绪。如果能识别，你就迈出了一大步。用实事求是的语言描述这种情绪，常常可以消除该情绪的力量。

然而，理智者在事关重要的时候，却试图通过讲“没关系”来缓解自己的不安。但这样做不起作用，因为我们企图用思想压倒情绪，而思想来自我们身体中很小的一部分——婴儿毯大小的大脑皮层，而情绪却是一种全身的现象。这就是缓解只是一时的，而理智者状态却反反复复、周而复始的原因。

几年前，一家公司与我们签约，每年为他们举办四到五期工作坊，自上而下一直深入到组织机构中去。每年，我们都要与其他公司进行业务竞争。人力资源工作人员会用“表情符号表”——每期工作坊结束时的等级评定表——评价效果。我们当时的评价等级大概8分以上，而我们的竞争对手是5分或6分（尽管这种评量方法获得好评，但如今，我们并非使用这种方法来评量成效，我们重复进行的个人发展评估中测量的行为变化则更为重要）。

当时，我定期和朋友吉姆去越野滑雪。我相信吉姆会真正从工作坊中受益，所以我要求那家公司让他参加。他们开始不太愿意，因为他在管理层中的地位还不够高。我的工作坊教室里总有几个空座位，因为个别人有时会有急事来不了。我以此为由请他们同意吉姆参加工作坊，结果吉姆获准来了。

工作坊结束后，我看到了来自学员的评价分数——8、9、10、10、8、9，然后是2。2！谁给我打了2分？我们从来没有遇过这样的评价。我一看名字，差点儿没摔倒，这个分数竟然是吉姆打的。我想："这没什么。把另外23个人的分数一平均，不会有多大影响，我不在乎。"

我把表交给客户——人力资源总监。开车回家的路上，我觉得胸口有什么东西压着，很不舒服。这种焦虑的感觉是怎么回事，我问自己？然后我想起吉姆打的分数，我对自己又讲了一遍："真的没关系。"我感觉好一些——大约30秒吧。这个过程又重复了几次。这是典型的理智者行为——企图用心里的潜台词缓解不舒服的情绪。

这实在令人恼火。我一到家就给人力资源总监道格打电话，他当时还在办公室。他马上对我说："噢，别担心。我一看是谁写的就扔进垃圾桶了。"我立刻感到很欣慰。

在你很在乎的时候，留意自己是否用"红色故事情节"——"真的没关系"来安慰自己。放松自己，体验你的感觉，然后看看你能做些什么，可以更直接地应对压力。

掩饰现实的故事情节

小心掩饰现实的"红色故事情节"，如"我想告诉他们，可是我不想让他们难过"。情况更可能是，你不想应对情绪上的负面作用。把故事情节变成"绿色"的："我要说出事实真相，以避免出现我承受不起的戏剧状态。"现在，以4D方式说出真相吧。

绿色维度：对人或境况表达感激，寻找共同利益；

黄色维度：包融，处理任何违反的协议；

蓝色维度：展望既现实又乐观的结果；

橙色维度：提出请求。

为我工作的一些监督员，他们一年之中都在抱怨一位下属。后来，年度绩效评估的文件被送到我这里签字，我发现这个人的得分是优秀。这是典型的掩饰现实行为。他们害怕什么情绪后果呢？我猜是下属的愤怒。当然，我会强烈坚持他们重新评估，在书面上体现同时也让下属知道实际情况。这种掩饰真相的行为对谁会造成最大的伤害？主要还是那位雇员本人，他得不到自己需要听到的反馈，无法采取行动。

很多项目经理讲这样的故事情节："如果我告诉他们真实的时间表，他们就会松懈下来。"过一段时间，人们明白怎么回事，戏剧状态就出现了。在极限情况下，时间表失去了一切意义。转到绿色故事情节上来，坦率且公开讨论时间表会支持创造性适应。

我正在工作坊展示幻灯片，这时，一名学员突然叫起来："那是什么？"她站起来，指着一块白板上写的"NASA已经决定把'X'工作转到内部来做。"做练习的一个小组无意中注意到了这条消息。显然，很快所有NASA学员和承包商管理层一样注意到了这种变化，可是，承包商管理层原来不想让员工知道这种使人不快的真相。如果有谁需要掩饰真相所引发的戏剧状态的证明，这就是。在差不多一个小时的时间里，除了"高兴"和"爱"的情绪组之外，工作坊学员表现出了各种情绪。

想一想水门事件和莫尼卡丑闻中掩饰真相的戏剧状态，假如尼克松说："我显然鼓励了某些不当行为。我会对此事调查清楚，然后给大家一个答复。"那些磁带还会出现吗？假如比尔·克林顿说："尽管我有越轨行为，犯了错，但这是我和有关方面的个人事务，我会私下解决。"议院还会弹劾他吗？不是犯罪本身，而是掩饰真相的戏剧状态激发了人们的高度关注。

达科他部落智慧

谈责任的部分有点沉重，所以我用下面的幽默使事情变得轻松一些。当印第安人发觉他们骑的马死了时，他们采取的反应是：下马。可是，我们却常常试着采取其他的策略，例如：

- 使用力度更强的鞭子；
- 指派一个委员会研究这匹马；
- 造访其他团队看看他们如何骑死马；
- 重新检视对马的绩效要求；
- 要求更多经费以提升这匹死马的绩效；
- 雇用承包商骑死马；
- 晋升死马至主管职位。

小结

我相信，本章提供了足够的信息，帮助你采取“避免戏剧化”的行动。不过，如果你有戏剧化倾向，我建议你请团队成员或同事来帮你。向他们介绍本章中的信息，请他们帮助你发现并走出戏剧状态。

当然，你还可以帮助他人避免戏剧状态。不过，在你给出意见之前一定先问他们是否想要你的意见。如果他们不想要，那么，除了惹恼他们，你的好心好意不会产生任何效果。

如果你的团队齐心协力要消除戏剧状态，那些对戏剧状态上瘾的人就会逐渐离开。受害者需要人们加入抱怨者俱乐部；救助者和受害者需要感觉迟钝的指责者与他们共舞；同样，指责者需要受害者和救助者忍受他们的指责。

习惯于戏剧状态的人，很难注意并识别他们的戏剧状态。试着注意一下自己的感觉。如果你感觉良好，你很可能不在戏剧状态。如果你感觉很糟，你很可能处于受害者、救助者、理智者或指责者状态之中。

最重要的是，反复利用个人和团队发展评估工具，这会把你的关注点与心态转移到抵制指责和抱怨上。而且，再次评估会跟踪你和团队的进步，为继续努力提供支持。

第十八章
岗位安排做到人尽其才

团队成员需要搞清楚别人对他们的期待，我们称之为角色、责任与授权。我们对角色、责任与权力的定义如下（如图18.1）：

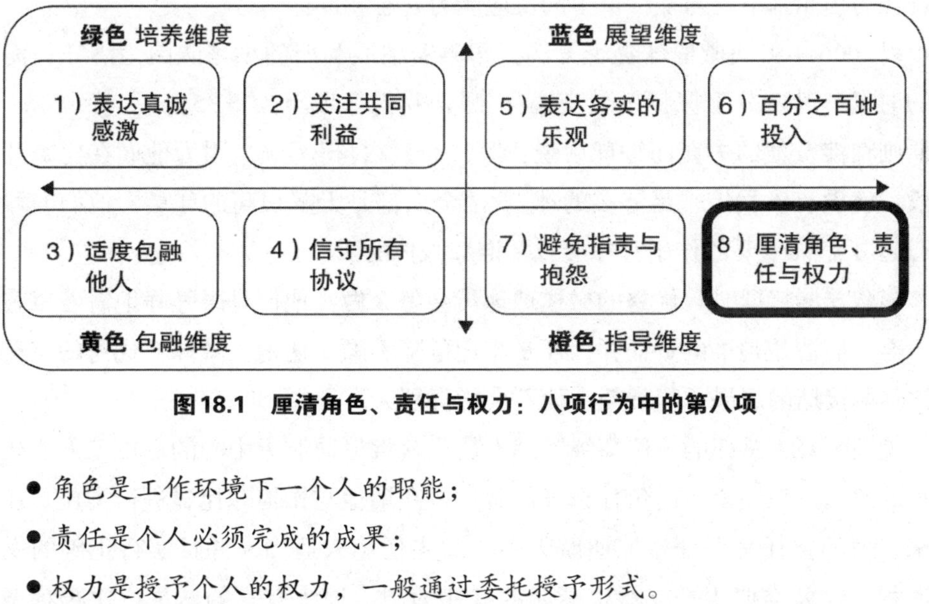

图18.1　厘清角色、责任与权力：八项行为中的第八项

- 角色是工作环境下一个人的职能；
- 责任是个人必须完成的成果；
- 权力是授予个人的权力，一般通过委托授予形式。

一开始，我们把角色、责任与权力衡量添加到我们的评估工具中，与一个相似的工具评估项目流程一起使用。在评估流程中有一项社会背景衡量，而在社会背景评估中纳入一项纯粹的逻辑面衡量，这么做似乎很明智。

后来我惊讶地发现，我认为组织良好的飞行项目中，角色、职责权力数却非常低。我们还看到，不清楚角色、指责与权力，造成了降低所有其他行为效果的背景。因此，尽管放弃了过程评估工具，我们还是保留了角色、责任与权力的评量指标。

如果人们不清楚组织机构对他们及其他人的期望时，一切就会难得多。例如，如果你不知道因为什么感激及对谁表示感激时，你就难以有效地表达感激。很明显，角色、责任与权力是重要的社会背景指标，因此，我们继续衡量角色、责任与权力，因为它们对团队背景影响巨大。

责任

想一想这三项——角色、责任与权力，哪一项最重要？我认为是责任。个人对责任的担当基本上与上一章中的反应能力心态相同。

以2006年美国橄榄球赛季为例，印第安纳波利斯的小马队因为防守弱而输球的时候，其四分卫佩顿·曼宁说："嗯，我得保证至少得35分。"特雷尔·欧文斯则在涉及他的失误而输球后说："我一直就打得不顺，因为他们在比赛开始阶段，就没有给我传来足够多的球。"两个人都是天赋很高的球员，他们的习惯心态起了怎样重要的作用？你会想要谁加入你的团队？

当队友漏接球时，优秀的橄榄球球员会怎么做？他们是眼睁睁地看着事态发展，努力搞清楚是谁的责任呢，还是忘记危险不顾一切地去救球？优秀的球员会对比赛漏接球的后果承担责任，而不会指责别人。

美国NASA总部的一位高级管理人员，就肯尼迪航天中心的一位工人之死寻求我的意见，想知道自己负什么样的责任。我请他与橄榄球比赛进行类比。在我看来，他的责任是保证肯尼迪航天中心的主任用人适当，并且实行正确的安全性流程。这就类似于一支橄榄球队拥有能力强、训练有素的球员，比赛状态良好。如果他在出事前已经尽职尽责了，他就不应该老是想着这桩意外事件的责任问题。

就像在橄榄球赛中一样，他要对事故产生的接下来的一切后果——对死者家庭、对肯尼迪航天中心、对更大范围的机构等的影响——负责。此外，他还要负责确保未来类似的事故不会再次发生。

角色、责任与权力的基本要求

适当运用角色、责任与权力的两个基本要求：

1. 个人草拟出自己的角色、责任与权力，然后经上级审核。角色、责任与权力的文件包括绩效评估计划和组织结构图，在沟通角色、责任与权力遭遇困难的计划，应该在办公室张贴说明。
2. 角色、责任与权力必须要在流程中测试并优化。想象一下，一支橄榄球队要是从来都不在实战中测试他们战术图解集上的东西，情况会怎么样？遇到任何问题流程时，我推荐使用下面的方法，特别是当问题反复出现的时候。用一个投影仪展示一张 Excel 电子表格，最上方列出他们的名字，按流程顺序，列出每一个人扮演的角色。这种方法效果确实不错，系统化地把混乱不堪的情况突显出来，并加以解决。

流程有指定负责人

每支团队或每个组织机构都有工作流程，否则，他们就无法完成工作。但遗憾的是，他们经常不把流程书面化或最优化。高层管理人员经常启动价格昂贵的巨大优化程序，如戴明过程统计控制、全面质量管理以及最近的六西格玛管理。然而，“因为人们做事有他们的理由，不是我们的理由（即管理的原因）”，这类方案很少得到预期的效果。其实有更好的办法。

NASA喷气推进实验室在接连经历任务失败后，开发了44个飞行项目管理规范进行管理，包括系统工程、风险管理、产品、要件管理等。他们为每个流程安排了一名负责人，这些负责人都是该领域的专家，负责在日常工作中维护和更新这些指定流程。管理层把这些流程在喷气推进实验室的所有项目中推行，应用过程中，各流程负责人都用 PPT 图表对其他人进行培训。

我们的4D系统公司，虽然规模不大，但有大约40个指定负责人的流程。从如何进行团队发展评估到工作坊角色，再到团队发展情况报告，这些流程包括了各个方面。我自己就负责其中不少流程，在我们实践和学习的过程中，这些流程被不断更新。我们的员工网站上有所有的流程和标准简介，员工在工作时，可随时下载最新版使用。

团队七宗罪

在团队发展评估中得分处于底部五分位的团队特别引人关注。他们很难合作，经过正常的评估流程、工作坊、教练和再评估以后，他们的进步难以保持一致。

我怀疑这些团队是否专门吸引那些层次低的人。我们通过对底部五分位团队分数和该团队成员的个人评估得分进行相关性分析，对此进行了调查。结果也许令人吃惊，他们的相关性不大，相关系数 $r<0.3$。因此，如果不是团队成员个人造成了团队得分低的情况，那么其原因肯定是背景问题。

早期的基督教教义指出人有七宗罪：淫欲、暴食、贪婪、懒惰、愤怒、嫉妒和骄傲。过去五年，我们与将近一百个底部五分位团队合作过，发现所有团队中都有下面描述的管理七宗罪中的一两条。如果一支团队得分处于底部五分位，我们就和团队领导一起研究这七种管理缺失。团队领导很容易就识别出他们的具体问题，如果他们知道有这些问题，那他们为什么不处理呢？我们听到了各种解释，“我们太忙了”“我们没注意到”等。不管怎样，领导们通常会马上采取行动，因为这些问题在团队发展评估中体现的影响显而易见。

下面是底部五分位团队的七宗罪，如果你所在团队的综合基准在底部五分位，那么你们至少犯了其中的一两条。

1. 团队领导不称职。这条列于七宗罪之首，因为它最具破坏力。这一项最容易诊断，团队领导在个人发展评估中的低分足以说明。尽管不是所有情况下都如此，但很多情况下，领导不称职自己都知道，如果我们帮助他们改进或者更换工作，他们会非常感激。
2. 资源不足导致任务无法完成。一位副总请我帮助一支领导成效差强人意的团队。我们做了一次个人发展评估，发现项目团队领导得分在顶部五分位，看来他不是问题。随后我们进行了团队发展评估，结果团队得分在底部五分位。在听取团队报告过程中，我了解到，每次公司提交一个非常复杂的仪器项目提案，其前任副总都会武断地把本来已经很低的报价砍掉一半！结果，客户对超支非常生气，不停地打击项目团队。对这种团队，我们不举办工作坊，因为给他们举办工作坊就像训练脚上扎了刺的马拉松选手一样，你得先把刺拔掉。就这支团队的情况，公司得告诉客户真相，说明需要什么资源，他们要么失去项目，要么得到充足的资源把工作做好。我在写作第六章时曾参考航天公司戴维·贝尔顿的著作。他用确凿的证据证明，资金不足以及时间安排不合理是任务失败的根本原因。资源不足的后果是双重的：首先，你不能把工作做好；其次，你的问题社会背景会造成低绩效。实际上，我相信，资金不足也是造成哈勃镜片生产过程出现问题的原因，随着背景不断遭到破坏，导致了测试数据被隐瞒不报的后果。

3. 采购过程出现问题。缺乏经验的人往往在采购中走捷径，这样就导致承包商、工作和奖励措施都是错误的。这种事在NASA就有，人们担心，如果不及早把钱花出去，项目经费就没了。
4. 背景遭到较大破坏影响团队。这样的例子包括，公司高层管理人员在合适的投标机会根本不存在的情况下，还没完没了催促员工增加销售额，此外，裁员压力也会破坏团队背景。
5. 团队与另一个组织机构在进行权力斗争。不同组织机构之间的权力斗争很普遍，就像我前面说过的，人类天生喜欢拉帮结伙。权力斗争的双方如果权力不平衡，比如政府与承包商之间，较弱的一方就会采取游击战术——承包商隐瞒招致批评的信息，于是问题得不到有效解决。
6. 团队成员的脾气秉性不适合工作要求，我曾举过一个例子，蓝色展望型领导在项目构想阶段非常富有成效，但他们缺乏橙色领导在实施阶段需要的完成任务心态。如果另外一条“罪”正在把每个人都推向单一维度，这个因素会有很大的破坏力。
7. 组织结构有问题。我相信，技术经理经常会过分强调组织结构图，但是，清晰明确的授权界限必不可少。

小结

这一章内容应用起来很简单。下面是四个基本步骤：

1. 拥有清晰的最新组织结构图；
2. 确保你和大家都有明确的角色、责任与权力，而且相关人员都很清楚；
3. 在重要流程中应用角色、责任与权力，使其更清楚、更优化；
4. 利用七宗罪对团队进行健康检查。

最重要的是，反复利用个人和团队发展评估工具。这会把你的关注点与心态转移到厘清角色、责任与权力上。而且，再次评估会跟踪你和团队的进步，为继续努力提供支持。

最后，团队如果在角色、责任与权力的基准测试中得分较低，我们会督促NASA团队成员填写下页的表格。

表 18.1 角色、责任与权力

这里都是一些基本信息，旨在明确他人（特别是上级）对你的期待。缺少相互理解，你不可能确知自己的工作表现是否取得成功。请填写下表，如果有工作坊，把填好的表格带过去。如果你能得到上级确认，那就太好了；如果暂时未得到确认，你可以以后再取得审核。

你的姓名：________________

你上级的姓名：________________

描述你在自己团队背景中的角色和作用（例如，我是项目经理，领导整个团队）：

____

描述你的责任，即别人期待你拿出的结果（例如，我主持项目，要在技术要求上达到一流水准、实现预算和按时间表完成任务）：

____

描述你的权力，即他人授予你的权力（例如，我在适用的制度性要求方面管理项目员工）：

____

我的授权足够（勾选一项）：是______；不是______

我负责维护下面的流程（例如，"项目每月汇报流程""项目系统工程误差情况"）：

____

我使用并按下面的流程工作［例如，"飞行项目规范"（NASA 喷气推进实验室）；"黄金法则"（NASA 戈达德太空飞行中心）］：

____

上级确认________________ 日期________________

后记
哈勃遗产

哈勃瑕疵镜片已经成为遥远的记忆。迄今为止，英勇的NASA曾四次造访哈勃，修复瑕疵镜片，换下老化的零件，安装更先进的仪器。哈勃现在已经卓有成效地为科学研究服务了18年。根据网站 Hubblesite.org 提供的资料，有3500多篇科技论文介绍过哈勃的成果，使之成为史上最成功的科学仪器之一。其科学成果还频繁地荣登世界各地报纸的头版。这架望远镜已经超越了我们所有的企盼！

我坚信不疑，归根结底，哈勃出现瑕疵镜片对我而言是一件好事——我怀疑还会有什么其他方式能促使我开发4D系统。如果4D系统能够防止未来太空事故的发生，特别是那些造成生命损失的事故，那么，哈勃的瑕疵对我们所有人都是一件好事。

我在澳大利亚与NASA堪培拉跟踪站的人力资源总监共进午餐时，她对我说："你的工作很了不起，但你知道吗，你是在让人们以非自然的方式表现，比如我自己，我就非常喜欢美国橄榄球式的激战。"确实如此。多数人会同意这种说法，我们的社会进步还没有跟上技术进步的脚步。

在我看来，人类正处在危机重重的十字路口：环境破坏、核危机、禽流感、饥荒，等等。我们有两个选择：我们可以选择管理社会背景，从而管理我们的行为；或者我们也可以选择不管理，对一切听之任之。技术就在这本书里，缺的就是意愿了。我开发了4D系统，目的是让技术团队更富有成效，同时也让员工有更好的工作环境。我的梦想是通过工作场所的成功，把这些功效强大的流程带到世界各地。

查理·佩勒林

于科罗拉多州博尔德市